悦 读 丛 书
媒介与大众文化系列
浙江省社科联社科普及及课题成果
21KPWT03ZD-7YB

以玩为生

游戏竞技中的对话与表达

胡晓梅　著

ZHEJIANG UNIVERSITY PRESS
浙江大学出版社
·杭州·

图书在版编目（CIP）数据

以玩为生：游戏竞技中的对话与表达 / 胡晓梅著
. — 杭州：浙江大学出版社，2023.9
ISBN 978-7-308-24120-5

Ⅰ.①以… Ⅱ.①胡… Ⅲ.①网络游戏—青少年心理
学—研究 Ⅳ.①G898.3②B844.2

中国国家版本馆CIP数据核字(2023)第157817号

以玩为生：游戏竞技中的对话与表达

胡晓梅　著

责任编辑	张　婷
责任校对	朱卓娜
责任印制	范洪法
封面设计	violet
出版发行	浙江大学出版社
	（杭州市天目山路148号　　邮政编码　310007）
	（网址：http://www.zjupress.com）
排　　版	杭州林智广告有限公司
印　　刷	杭州钱江彩色印务有限公司
开　　本	710mm×1000mm　1/16
印　　张	14.25
字　　数	255千
版 印 次	2023年9月第1版　2023年9月第1次印刷
书　　号	ISBN 978-7-308-24120-5
定　　价	72.00元

目 录

序　章

晨起，"我"背上千岩古剑，继续在提瓦特大陆遨游，欣赏美景，悠闲自得。

这些天，"我"在旅途中与赵云、孙尚香、蜀山派掌门徐长卿、蒲公英骑士琴结识。我们决定前往银月城探宝。一路上，我们一边搜索食材制作美味，一边寻访宝物勤练武艺，顺道还齐心协力帮助被谋害的乌鸡国国王恢复了王位。我们碰到不少拦路虎，在锁妖塔与纳什男爵、炼狱亚龙以及维克兹大战一场，还受邀在阿拉希高地参加法奥瑞斯国王与背叛者尼斐塞特一族的战斗，并凭借孤鹜断霞和听声辨位、压枪三项技能取得大捷。"我"的段位也由此升到了至尊星耀。

在银月城探险时，"我"无意间遇到了一位名叫小乔的女子，她孤立无援、傍身技艺不多，经常被他人欺负。怀着一股侠义之气，我收小乔为徒，带着她一同游历仙境。

几个月后，"我"和小乔回到城市，决定结婚。我们购买了永结同心的标准结婚套餐，互相交换了戒指，然后前往黑衣森林，准备完成名为"天长地久"的任务。任务完成后，我们获得十二神的祝福，在大圣堂预约婚礼时间，并向亲友们发放婚礼请柬，热热闹闹地在十二神大圣堂举办了婚礼。

婚后，我们花了半个月的时间装修自己的小家，也一起看日落、听音乐会，在中央广场咖啡店看人来人往。有时，小乔会在下午到"我"办公室，请"我"帮她修改电视节目的策划案。晚上，我们回到家里，"我"一头钻进厨房开始准备我俩的晚餐，而小乔则会跟朋友聊聊天，或打理我们的庭院。

这不是生活中的场景，也不是小说或电影的情节，这是玩家在网络游戏虚拟世界中游历成长、纵横驰骋的日常。生活中，我们也经常会看到青少年玩家在等车乘车，或是在下课的间隙捧着手机全神贯注。那横着的屏幕和迅速移动的双手，表明他们在此刻已切换到另一个频道，开启了在另一个世界的生活。他们在朋友圈晒今日战绩，懊悔选择的英雄玩得不顺手，也和同伴们高谈阔论，交流打野推塔①的经验。游戏，尤其是网络游戏已经成为从小学生到中青年，甚至小部分银发族都非常青睐的娱乐社交活动。

截至 2022 年 12 月，我国网络游戏用户规模已经达到 5.22 亿，占网民总体的48.9%。也就是说，接近一半的互联网使用者与网络游戏结下了不解之缘。他们在游戏中交朋结友，以虚拟角色作为替身穿越到不同时代，在游戏模拟的世界里成长、变强、恋爱、结婚。他们化身游侠、勇士、庄园主，在游戏中或欣赏美景、感受浪漫与美好，或经历战争、享受胜利的喜悦与自豪，抑或日积月累，精心打造属于自己的一方小天地。类型繁多的网络游戏为不同年龄段的玩家提供了一个呈现自我，以全新的、不同于现实中的"我"的形象与他人交往的机会。那么，他们在游戏中以什么样的形象出现，他们扮演这个角色想要表达什么，他们如何与他人交往和对话，又如何在游戏衍生产业中寻找到自己的位置？立足于此，本书希望通过描述玩家怎么"玩"，讨论玩家在游戏中的角色塑造、关系建构和职业行为，呈现玩家在游戏世界的对话与表达，并结合玩家的现实身份探访游戏之于他们的意义，为青少年玩家以及家庭和学校正确对待和管理游戏行为提供一些思考。

鉴于青少年是网络游戏玩家的重要组成部分，且从影响来看，网络游戏对青少年群体的影响要远高于对成人群体的影响，因此，本书的研究对象限定在青少

---

① 打野：游戏名词，意为通过打野外的怪物来获得经验或金币，使自己升级，是一种特殊的获取经验值、金币或装备的途径。推塔：意指在游戏中摧毁对方防御塔，以获得胜利。

年网络游戏玩家群体。

全书共分为五个部分。

第一部分，简述从古至今游戏的发展。网络游戏只是近几十年来的产物，但游戏已经陪伴人类走过了数千年的漫长岁月。绝大部分古代以及远古时期的游戏，现在已很难寻觅踪迹，不过游戏的本质自始至终都没有改变。通过设计精巧的形式和复杂的规则，人们在各种游戏中大玩特玩，比拼体力和智力，激发斗志和信心。游戏参与者和围观者都在游戏过程中获得极大的愉悦感。

第二部分，描述玩家在游戏中的自我表达。玩家通过对角色的选择和扮演，进行现实自我与理想自我的双重投射，呈现个体对于个人形象及能力、价值观和人生观的追求，并借助游戏的话语体系，在和其他玩家的日常互动中形成归属感，实现个人价值，获得情感上的慰藉。

第三部分，讨论玩之乐趣，分析玩家对于性别意识、亲密关系，以及权力与成就的感知和实践。玩家化身为不同角色，在游戏中进行性别操演，在互动中以自己的方式建构或解构各种亲密关系的内涵和意义，并从角色成长、通关升级和社交层面获得成就感，在游戏组织的管理实践中感受权力。

第四部分，将目光扩展至整个游戏产业，针对玩家关注的产业链环节，选择四类不同职业，描摹电子竞技职业选手的真实画像，展现游戏代练和游戏主播的日常工作状况，分析电竞解说员的个人风格及其专业表达。

对于一小部分人而言，游戏是他们当前所从事的职业，对于绝大部分玩家而言，游戏只是他们成长过程中的一种陪伴。因此，第五部分回归游戏的本质，分析不同类型的玩家对游戏持有的态度及其可能的发展路径，并结合家庭与学校对青少年玩家游戏行为的管理，探讨如何引导玩家正确对待网络游戏。

本书中有大量访谈内容。主要访谈对象是从小学到大学的青少年网络游戏玩家，年龄从 11 岁到 24 岁不等。研究采用"滚雪球"和方便抽样相结合的方式获得访谈样本，共征集到 51 名青少年网络游戏玩家接受访谈。为反映不同类型学生在游戏中的对话与表达，我们在征集访谈对象时尽量在学校层次、学习成绩和性格方面保持一定差异。访谈对象既有来自重点学校的学生，也有来自普通学校的学生，既有本科生，也有专科生，玩家样本的分布力求能够反映大部分青少年网络游戏玩家的基本情况。访谈对象详情见附录。为了解家庭和学校在对待青少年游戏行为上的态度以及所采取的限制措施，我们还访谈了多位玩家父母和中学教师。

本研究采取的深度访谈方式包括面对面访谈和网络访谈两种。面对面访谈的时间基本控制在 45 分钟到 2 小时，绝大部分采用一对一的方式进行，还组织了两次集体访谈。与个别访谈相比，集体访谈为参与者提供了一个相互交流的机会，有利于彼此思想的激发和碰撞，能够对所讨论的话题进行更深入的挖掘。[1] 对于访谈者来说，集体访谈还便于访谈者观察参与者在集体互动中的行为表现，可以为访谈者带来更多信息。在征得访谈对象同意后，面对面访谈过程全部用录音笔录音，再转换为文字。网络访谈采用微信和 QQ 进行，全部以一对一方式完成。网络聊天虽然突破了面对面聊天的时空限制，但也同时过滤掉大量"现场信息"，即面对面人际交流中出现的能够提供角色、情感、语态等重要补充信息的非语言表达内容。[2] 因此，除文字内容外，访谈对象使用的表情符号和标点符号也被保留下来，作为对访谈内容的进一步补充。

本研究恪守通行的研究伦理原则。访谈对象的招募在自愿基础上进行。在招募访谈对象时，研究者首先对拟招募对象阐明所研究课题的大致议题，告知主要的访谈内容，并对访谈内容的使用和受访者隐私保护作出承诺。正式进行访谈时，研究者在面对面访谈开始之前首先会征求访谈对象的意见，在获得许可后才对访谈过程进行全程录音。研究者向访谈对象承诺匿名访谈，且该录音只用于本课题研究。开展微信访谈和 QQ 访谈时，研究者在访谈开始之前会以文字形式作出关于

---

① 陈向明. 质的研究方法与社会科学研究. 北京：教育科学出版社，2000 年，第 173 页.

② 洛雷塔·A·马兰德罗，拉里·巴克. 非语言交流. 北京：北京语言学院出版社，1991 年，第 53 页.

匿名访谈和访谈用途的说明。研究过程中，所有访谈对象的隐私都受到保护，并且，研究者根据具体情况给予了访谈对象不同形式的报酬。此外，我们对于未成年玩家的访谈，全部是在征得他们父母或学校老师的同意之后进行的。

第一部分

玩之本性：游戏的前世与今生

　　说到游戏，我们脑海里马上浮现的可能是《英雄联盟》里景色瑰丽的峡谷，《王者荣耀》里风格各异的皮肤，或《摩尔庄园》里悠闲的庄园生活。游戏让我们想到的是戴着耳机坐在网吧里，一边快速移动鼠标敲击键盘，一边不断冒出"打呀""快点"等词语，废寝忘食的网瘾少年，抑或是在乘车、排队甚至上课时随时随地在手机上来一局的青少年玩家。

　　上述提到的这些当然是游戏，但游戏不仅仅是这些。《现代汉语词典》对"游戏"一词的名词属性作出了以下定义："娱乐活动，如捉迷藏、猜灯谜等。某些非正式比赛项目的体育活动如康乐球等也叫游戏。"① 由此可见，游戏属于娱乐活动范畴，而娱乐活动则是伴随着人类诞生即已开始出现的。

　　真正意义上的游戏其实伴随着整个人类的文明史。早在春秋战国时期，诸侯宴请宾客时的礼仪之一就是用箭投酒壶，也就是投壶。这是宴饮时的一种游戏。再往前追溯，当人类还处于石器时代时，人类需要围猎来获得食物。围猎的本质是为了生存，但它同样也是在一种既定规则下的游戏。由此可见，游戏的概念其实很宽泛。赫伊津哈在《游戏的人》一书中指出，"游戏是在一个有限的空间和时间里面，根据一定的规则进行的一些活动，但是这些活动不是一般的活动，是要游戏者主动，甚至是带着狂喜地参与。"从这个概念出发去看待游戏，会有截然不同的答案，即游戏实际上存在于我们每一个人的身边，任何一项你所热爱的活动都可以被看作游戏。

------

① 中国社会科学院语言研究所词典编辑室. 现代汉语词典. 北京：商务印书馆，2005 年，第 1650 页.

第一章 游戏的"前世"

第一节 古代游戏的发展

按照现在大部分人的理解，玩游戏，意味着打电子游戏、网络游戏。但若从广义的范畴来看待游戏，那么游戏的历史甚至早于人类的文明史，在史前时期就已出现。可惜，我们无法对游戏的历史进行准确的溯源，毕竟它没有文字的记载，也没有影像的留存，我们只能从原始人的岩绘中管窥久远的过去，去想象那时的人类在规则中寻找乐趣的方式，而岩绘本身也可以被当作游戏的一种。

在有历史记载的中国古代，游戏的种类便已丰富到令人咋舌，毕竟在那个没有电脑和移动终端、信息闭塞的时代，游戏是消磨时光的一大利器，也是促进群体交流的重要法宝。值得一提的是，中国古代的许多经典游戏并没有失传，而是被一代代地传承下来，甚至被发扬到海外，其中最典型的例子就有麻将、围棋等。

根据《游戏史》（蔡丰明版）中的总结，中国古代游戏主要可以分为以下几个类型，分别为角力、竞技、斗智、猜射、博戏。

角力类游戏一般比拼的是力量与技巧的结合，如相扑、摔跤。使用动物作为比拼对象的斗鸡、斗蟋蟀等活动也属于此类。人类本性中对于力量的崇拜以及好斗的心理是该类游戏盛行的原因之一。在和平无虞的年代里，人们并没有太多发泄过剩精力的方式，因此，在确保安全的条件下，即在一定规则的限制下，人们会同与自身身体状况相似的人进行角力，从中取乐。一些不便亲自与他人进行角力比拼的人比如贵族富商，则会花钱培养专人进行角力比赛，并以观赏他人比赛为乐。豢养宠物进行角力，也是一种将自身映射到宠物上的游戏行为。

竞技类游戏与角力类游戏有重叠之处，不过前者所涵盖的范围更广，且与角力类游戏不尽相同的是，竞技类游戏往往注重团队配合与技巧使用，而不是单纯力量的对抗和个人能力的比拼。帝尧时代的"击壤"与始于战国、兴于唐宋的"蹴鞠"等游戏便是非常典型的竞技类游戏。竞技类游戏注重技巧与配合，既有体力的投入又有智力的运用，可玩性与可看性都更强，具有角力类游戏难以比拟的优势，也更适用于社群间的交流，因而吸引着越来越多的人参与其中。

斗智类游戏需要具备对全局进行分析与规划的能力。我国古代常见的斗智游戏有围棋、象棋以及六博、塞戏、格五、弹棋等，种类繁多，蔚为大观。斗智类游戏与竞技类游戏也有重叠的地带，只不过斗智类游戏更强调策略的运用，基本上排除了体力的投入，是非常休闲益智的活动，吸引了许多文人雅士的参与。斗智类游戏中的一些种类如围棋、象棋至今都有非常强大的生命力，仍有广泛的玩家基础，可见其影响力之深远。

猜射类游戏是一种通过收集、分析线索来进行推理的活动，包括猜灯谜、射覆等。猜射类游戏锻炼参与者的逻辑思维能力，在连续的取证、推理环节中获得强烈的参与感，且在与其他参与者的竞争中获得紧张刺激的体验，拥有斗智类游戏无法取代的沉浸感、代入感。

博戏类游戏，顾名思义是与赌博相关的游戏，是一种微妙的游戏种类，它们虽然存在着很大的争议，却是难以移除的存在。博戏类游戏中，最典型且最具有生命力的游戏就是麻将，如今仍是许多人茶余饭后的娱乐首选。博戏类游戏是一种概率游戏，它以低概率下的高收入为噱头，利用参与者的侥幸心理，以金钱等具有实际价值的物品为筹码。在如今的中国，完全的赌博行为早已被明令禁止，因此麻将等具有博戏性质的游戏成为"赌徒"们的极佳选择，在好胜心、自尊心和贪婪心的驱使下蓬勃发展起来。

第二节 中国古代经典游戏

中国古代游戏中最为大家所熟知的是蹴鞠、捶丸和麻将。

蹴鞠

在石器时代就已经有原始人打磨出圆形或者近似圆形的石料。作为经学术界认证为人类最早进行加工的生产和生活工具之一，这种圆形或者近似圆形的石头从原来的人类原始工具脱胎为之后的体育器材，逐渐催生出新的各类体育游戏项目。资料显示，在距今约170万年前至50万年前的云南元谋猿人、陕西蓝田猿人、周口店北京猿人等中国最早的人类遗址中，均发现过这种原始的石球。

之后一系列考古挖掘发现的岩画画面中，人们都会拿着这种球进行一些抛举类动作。这说明，在原始人生活的史前社会，随着狩猎生活的进步以及逐渐驯化猎物进行家畜饲养，人们在防卫成功和猎获食物满足基本生存需要之后，开始出现了娱乐需求。主要用于人类自身防护和狩猎的石球，也逐渐向提供娱乐的游戏类型方向发展。

蹴鞠就是在这种过程中发展出来的一种球类游戏。长沙马王堆三号西汉墓出土的帛书中，有一段涉及蹴鞠起源的文字："……黄帝身禺（遇）之（蚩）尤，因而擒之。……充其胃以为鞠，使人执之，多中者赏。"蹴鞠游戏是否在黄帝与蚩尤大战时出现，现在已很难考证。能够肯定的是，蹴鞠在春秋战国时期的齐国古都临淄已经出现。秦统一六国后，蹴鞠运动一度沉寂，西汉建立后又复兴盛，在汉代获得较大发展，唐宋时期最为繁荣。

汉代的很多画像说明，蹴鞠活动在这时已进入了发展与普及的昌盛时期。汉武帝很喜欢观看蹴鞠运动，其宠臣董贤的家中还专门养有会踢球的"鞠客"。汉朝时期还出现了专门研究这项运动的专著《蹴鞠二十五篇》。这部中国乃至世界最早的体育专业书籍，从球场要求、球门建筑规格、比赛赛制等各方面详细介绍了蹴鞠的玩法，说明蹴鞠在当时就已经是一项相当专业化的体育运动。东汉人李尤在

《鞠城铭》中描述了足球场的建造要求和蹴鞠的玩法：球场呈四方形，四周围有矮墙，球门造得像座小房子，两边各有 6 个；蹴鞠者分为两队，每队 12 人，比赛时按照明确的规则踢球，有正副裁判执法。

相当一部分史料显示，汉代以后，蹴鞠的对抗竞争性质有所减弱，开始出现更多的娱乐化倾向。《水浒传》开端就描写了北宋末年，太尉高俅通过自己高超的蹴鞠技术而成为皇帝宋徽宗的宠臣。同时，由于娱乐性的增强，蹴鞠之风一时兴盛于民间，蹴鞠活动在宋元明清时期更进一步地普及于妇女儿童当中。在宋、元、明、清时期的许多瓷器、壁画、铜镜、陶枕、屏风及其他艺术品上，均有展现妇女、儿童蹴鞠的场面。

由于蹴鞠的娱乐化发展，同时因马匹的广泛应用，由二者结合而产生的马上击鞠活动曾在唐朝达到极盛，即人们常说的打马球。和蹴鞠一样，游戏者分为两队，骑马追逐同一个球，使用手中的球杖将球打入对方球门。随着当时唐代女子地位的上升，为了使女子也能参与球类活动，人们在击鞠发展和普及的基础上又演化和拓展出了骑在驴上以杖击鞠的驴鞠和徒步以杖击球的步打球，而步打球则在唐代发展成为一种休闲活动形式，与后世的曲棍球略有相似。

击鞠活动在宋辽时期还具有一定的军事色彩，被当作军事训练的手段之一，属于兵技巧类，同时也作为一种隆重的"军礼"表现存在于军队之中。但发展到明代，这个传统已完全消失。元明时期，蹴鞠开始逐渐走向衰落，到清代则主要在民间流行。进入 20 世纪以来，由于受到战争、灾害等原因的影响，中国古代的击鞠活动在这一时期已经几乎完全没落了。

蹴鞠从唐代开始，向东传播到日本和朝鲜，向西经由阿拉伯人传播到欧洲，发展成为现代足球。在中世纪的英国，足球成为当时年轻人所追捧的游戏。许多年轻人在当时供马车行走的狭窄街道上追逐皮球，时常将皮球踢到街边人家的窗户上导致邻里纠纷频繁出现。英国国王因此不得不下令禁止踢足球。从 12 世纪到 16 世纪，英国国王先后 4 次发布过"足球禁令"。1835 年，在英国圣菲尔德成立了世界上第一个足球俱乐部。1863 年，英国又成立了当时的第一个足球协会。从此，有组织的、在一定规则约束下的足球运动开始从英国传遍欧洲，传至全世界。在19世纪末，足球运动在西欧国家几乎完全普及。1896年第一届现代奥林匹克运动会上，足球成为正式比赛项目之一。

捶丸

"捶丸"一词正式出现于北宋晚期，是一项在唐宋时期流行的，在步打球和棒击球运动基础上发展而来的体育运动，在社会各个阶层都有所普及。尤其是在民间，捶丸逐渐成为青年男女休闲娱乐的体育活动之一。山东泰山岱庙西城墙修复工程中出土的宋代石刻画像中就有一幅画像，展示的是儿童进行捶丸活动的形象。①

捶丸活动还伴随着文化的交流传播到了朝鲜半岛和日本，并由此走出亚洲，走向西方。在这一传播过程中，西传的捶丸曾经对现代高尔夫球运动的出现和演变产生过一定影响。有一种观点认为，高尔夫球起源于12世纪盛行于苏格兰的一种叫作"巴卡尼克"的游戏活动。也有的学者认为，英格兰有证据显示早在14世纪中期，当地人曾玩过一种叫作"卡布克"的类似高尔夫球的游戏。而"巴卡尼克"和"卡布克"的游戏形式，与中国古代的捶丸非常相似。

麻将

麻将的历史最远可追溯到三四千年以前的中国，是当时国内皇家和王公贵胄喜欢玩的游戏，后来逐渐普及民间，在清朝中叶基本定型。

关于麻将的起源有许多不同的说法，包括纪念梁山好汉说、农耕文明说和"护粮牌"说等。纪念梁山好汉说认为，麻将牌的总牌数为108，这是暗指梁山好汉的108将，不同的花色对应着108将中的不同人物，有着特殊寓意；农耕文明说将麻将的发明者指向农耕者，在他们看来，麻将中的"筒""条"代表着谷仓，"一条"被称作"幺鸡"，是用于指代麻雀；而在"护粮牌"说中，护粮牌是用来奖

---

① 崔乐泉. 中国古代捶丸发展与演变的考古学观察——兼及古代体育史有关研究方法的思考. 体育学刊. 2017,24(1).

励捕雀护粮者的，用来记录捕雀的数量，这种牌既可以用来记录，也可以用来游戏。

另外一种可信度较高的说法认为，麻将是经宁波人陈鱼门改良后而发明的。宁波是一座沿海城市，居住着许多渔民。渔民出海打鱼少则十天半月，多则数月，因此都会带上马吊牌在海上消磨时间。但是马吊牌都是纸牌，海风很容易将纸牌吹散，给渔民游玩带来诸多不便。同治三年（1864），陈鱼门经过研究琢磨，将纸质的马吊牌改良成竹骨材质，保持了万、筒、索，对"红花""白花""老千"进行了改造，增加了东、南、西、北风，形成了共有136张牌的麻将牌。由此，麻将开始逐渐成为中国人喜爱的一项游戏运动。与此同时，当时担任外交官职务的陈鱼门曾与英国领事、日本领事一起打麻将，麻将又成为对外交流的游戏之一，因此走出国门。宁波民间至今还流传着一句俗语："屙老爷，造麻将。"这个屙老爷正是指的陈鱼门。宁波天一阁内也建有全国首家，也是国内唯一一家以麻将为主题的陈列馆——麻将起源地陈列馆。

尽管麻将起源的说法多种多样，其主线的发展还是一致的，即博戏—叶子戏—马吊—麻将，麻将起源于古代游戏。随着麻将在全国各地甚至国外的流行，在样式和游戏规则上，麻将还没有实现统一。在宁波的麻将起源地陈列馆中可以看到，当时的麻将有椭圆有方形，有白色有黑色，有水浒人物有春夏秋冬……，麻将的玩法也各不相同。即便到了现在，不同地区的麻将玩法也有所不同，这些不同的游戏规则在一定程度上限制了麻将的传播与发展。因此，1998年人民体育出版社出版了《中国麻将竞赛规则（试行）》，后在国内外麻将专家的参与下又制定了国际《麻将竞赛规则》，使麻将有了相对统一的玩法规则，对麻将的传播发展产生了巨大影响。2003年，我国举办了第一届中华麻将论坛暨公开赛，2005年成立了世界麻将组织，随后展开了世界麻将锦标赛。由此，麻将已成为一种全球性的娱乐方式。

第二章　游戏的"今生"

第一节　电子游戏的总体发展

古代人玩的游戏需要依托实物，必须在现实环境中进行。而在数字化的现代，我们玩的游戏一般是指电子游戏。

电子游戏指所有依托于电子设备平台运行的交互游戏，根据运行媒介的不同可以分为主机游戏、掌机游戏、街机游戏、电脑游戏及手机游戏等，是一种随着科技发展而出现的新兴事物。从诞生伊始，电子游戏便一改游戏的原本风貌，在人类所进行的游戏种类中占据越来越多的比例，甚至在今天一跃成为"游戏"一词的默认指代物。

早在 19 世纪末，电子游戏的雏形就已在德国出现。1888 年，德国人斯托威克根据投币使用的自动售货机的机械原理，设计了一种叫作"自动产蛋机"的机器。这台机器的功能非常简单，只要人们把硬币投入其中，机器就会"产"出一个蛋，并且伴随着鸡叫声。这台机器成为投币游戏机的雏形，也算是电子游戏的最原始的形态。虽然"自动产蛋鸡"在如今看来功能单一且无趣，没有太多的可玩性，可在那个时代，这样的带有交互性的机器还是十分新鲜且引人注目的。

虽然电子游戏的雏形已经出现，但是在计算机诞生之前，诸如"自动产蛋机"这样的发明并不能掀起什么波澜，基本上都只是对已有技术的简单改造，功能单一，交互性也较差，只能作为一时的新鲜事物。直到1946年，世界上第一台电子计算机埃尼阿克在美国诞生，标志着电脑时代的开始，游戏也因此进入了新的发展阶段。此后几十年里，计算机技术的发展速度令人咋舌，计算机由笨重、低性能、功能单一向轻便、高性能、功能丰富转变，并且以多种终端的形式发展，进入人们生活的方方面面，而这些设备的普及便是电子游戏赖以生存的广阔土壤。

世界上第一个有据可考的电子游戏《阴极射线管娱乐装置》，诞生于电子计算机发明的次年——1947年。这款游戏使用8个真空管来模拟飞弹对目标的发射，不过游戏装置并没有对外销售。

之后在1958年，一款名叫"双人网球"的互动游戏诞生。它是世界上第一款互动电子游戏，也被公认为世界上第一款电子游戏。

电子游戏发展至今，大致经历了五个阶段：第一个阶段是从电子游戏诞生的1947年到视频游戏诞生的1962年的初始阶段。在这一阶段中，由于计算机尚未普及且功能较为单一，这些游戏都是一些十分初始的形态，且并没有普及和流行，算是电子游戏的发轫阶段。第二个阶段是从第一款商用电子游戏诞生的1971年到20世纪80年代初的雅达利时代。在这个阶段里，电子游戏逐渐成为一种商业化的产物，获得了较大的普及以及较高的销售量，雅达利公司开创的街机游戏产业取得巨大成功。第三个阶段是20世纪80年代后家庭游戏机逐渐取代街机游戏机热潮的任天堂时代。雅达利公司在家庭游戏机市场方面力不从心，而任天堂公司一跃而占据了家庭游戏机的统治地位。第四个阶段是从索尼发布PlayStation游戏机的1994年到21世纪初由索尼引领的3D游戏时代。索尼推出的PS游戏机以极强的3D处理性能，推动了3D游戏的发展，许多经典之作诞生，索尼取代任天堂成为新时代的市场霸主，同时，PC游戏也初具规模。第五个阶段是21世纪初至今的百花齐放的阶段，各类游戏蓬勃发展，齐头并进。主机与PC的硬件水平在这个阶段也处于迅猛的更新迭代状态，倒逼游戏行业制作出画质更好、内容更加精良的游戏，VR游戏也作为一种新的门类逐渐走向主流市场。

综观如今活跃在各平台的电子游戏，对照前文中所援引的《游戏史》一书中对于中国古代游戏的划分（角力、竞技、斗智、猜射、博戏），我们不难看出二者之间的高度传承——如今的许多游戏都可以在这五个类别中找到自己的归属。从这个层面来看，虽然游戏的形式、内容与载体是在不断变化的，但是游戏的核心类型早已在人类的漫长实践中确立下来，成为潜在的法则。举例来说，许多街机对打游戏如《拳皇》系列，宠物对战类游戏如《精灵宝可梦》《洛克王国》等，对应的类型是角力类游戏；《英雄联盟》《Dota2》《CS: GO》等游戏对应的类型是竞技类游戏；《帝国时代》《植物大战僵尸》等可以归属到斗智类游戏；《古墓丽影》《谜画之塔》等则可以被归到猜射类游戏；各种手游中的抽卡机制对应的则是博戏类游戏。

当然，电子游戏的类型还远不止这五种划分，若从不同的角度来看，电子游戏可以按照不同标准进行更多类型的划分。按照游戏的使用环境来分，电子游戏可以分为单机游戏、网络游戏、主机游戏、街机游戏、桌面游戏等；按照游戏的内容来细分，电子游戏则可以分为角色扮演游戏（RPG游戏）、动作游戏（ACT游戏）、冒险游戏（AVG游戏）、赛车游戏（RAC游戏）、第一人称射击游戏（FPS游戏）、第三人称射击游戏（TPS游戏）、模拟游戏、即时战略游戏（RTS游戏）、战棋游戏（SLG游戏）等多个种类，且每个种类中又有更细的划分，可谓庞杂万分。

第二节 网络游戏在中国的发展

在当前移动互联、万物互联的媒体环境下，网络游戏无疑成为电子游戏的主流。中国互联网络信息中心发布的报告显示，截至 2021 年 12 月，我国网络游戏用户规模达到 5.54 亿，占网民整体的 53.6%；[①] 截至 2020 年 12 月，手机网络游戏用户 5.16 亿，占手机网民总数的一半以上（52.4%）。[②] 2020 年，以小学、初中、高中及职高学生为主体的未成年网民中有 62.5% 的游戏玩家，较 2019 年的 61.0%

---

① 中国互联网络信息中心. 第 49 次中国互联网络发展状况统计报告. P020220407403488048001.pdf (cnnic.net.cn). 2022-03-13.

② 中国互联网络信息中心. 第 47 次中国互联网络发展状况统计报告. P020210203334633480104.pdf (cnnic.net.cn). 2021-4-27.

提升 1.5 个百分点。其中，电脑游戏玩家占 28.9%，手机游戏玩家占 56.4%。[①]网络游戏已然成为网民（包括未成年人）的重要娱乐活动之一，尤其对于学生群体而言。

网络游戏可以被看作互联网情境下使用个人电脑、平板电脑和手机等各种终端设备的游戏行为。如果从第一款网络游戏[②]出现算起，网络游戏发展至今已有超过 50 年历史。在中国，随着互联网的引入以及逐渐普及，网络游戏的发展也已有20 余年的历史。

1999 年 4 月，乐斗士推出国内最早的简易图形 Mud 网络游戏——《笑傲江湖之精忠报国》。游戏背景是戚继光联合武林中的各大门派进行抗倭，游戏玩家作为门派弟子参与到这场战争中。

1999 年 7 月，网络创世纪模拟服务器在中国出现。

2001 年 3 月，第一款中国大陆原创的网络游戏《第四世界》上市。游戏设定的人物角色可以进行自由的在线交流，帮助网络游戏从初始的"人机交互"逐步过渡为"人人交互"。

2004 年 4 月，第九城市取得了世界顶尖游戏之一——暴雪公司的《魔兽世界》在中国的独家代理权，并于 2005 年 4 月 26 日进行公测。《魔兽世界》作为当时世界网络游戏顶尖制作水平的代表，为当时还在起步阶段的中国网络游戏提供了一个范本和参考，推动当时的开发者开始了为了更好地满足用户需求而进行创新。此后的中国网络游戏行业走过高速发展的 8 年，并逐渐进入稳定期。

2011 年 5 月，当乐网成为世界上最受欢迎的移动游戏之一——《愤怒的小鸟》国内首家合作伙伴，同时多个版本的《愤怒的小鸟》在国内上线。手游，在当时智能手机逐步普及和发展的时代背景下开始蓬勃发展，保持着快速的增长态势。《植

---

① 中国互联网络信息中心.2020 年全国未成年人互联网使用情况研究报告. P020210720571098696248.pdf (cnnic.net.cn). 2021-12-5.

② 第一款真正意义上的网络游戏可以被追溯到 1969 年，瑞克·布罗米为 PLATO（Programmed Logic for Automatic Teaching Operations）系统编写的一款名为《太空大战》（*Space War*）的游戏，该游戏支持两人远程连线。

物大战僵尸》《保卫萝卜》《捕鱼达人》《神庙逃亡》《地铁跑酷》几乎是当时智能机用户必玩的游戏。即使到现在，《植物大战僵尸》《保卫萝卜》都依然是小学生群体的启蒙游戏之一。

2015年11月上线的国产手游《王者荣耀》于2017年达到现象级巅峰。根据腾讯网提供的相关数据，截至2017年4月，游戏的注册用户已超过两亿，成为世界上用户最多的MOBA类手机游戏。立足于腾讯两大社交软件QQ、微信的用户基础，《王者荣耀》培养自己的玩家群体，并在游戏中提供好友、师徒、恋人等多种社会关系，通过将玩家和玩家绑在一起，进一步促使玩家和游戏绑在一起，增加玩家与游戏之间的黏性。

此外，游戏产业近年来呈现出了明显的性别比例变化。Newzoo和Facebook展开的一项最新研究显示，到2020年为止，全球女性玩家已占游戏玩家总数的47%，移动游戏玩家中的女性占比也达到了48%。根据Mobtech发布的《2020"她游戏"研究报告》，女性游戏用户在2020年疫情期间达到3.9亿的月活新高。伽马数据也显示，2020年中国女性游戏市场规模达到568.4亿元，女性移动游戏收入达401.9亿元。

在这一背景下，专门面向女性玩家的乙女游戏获得了极大发展。"乙女"一词源于日本，有"纯真的少女"的意思，但乙女游戏的玩家并不局限于年龄层，从青少年到年轻白领，乃至成熟的职业女性，都是乙女游戏的主要玩家。2017年底，叠纸网络推出的恋爱养成类游戏《恋与制作人》在短时间内即在女性游戏市场走红，成为首例国内女性向游戏爆款。《恋与制作人》上线第13天便冲进了苹果商店畅销榜前10名，此后排名一直居高不下。据伽马数据CNG测算，其上线30天全平台流水超过2亿元。随后，网易游戏、腾讯游戏、米哈游等游戏公司也制作了《时空中的绘旅人》《光与夜之恋》《未定事件簿》等当红乙女游戏。女性玩家为网络游戏市场尤其手机网络游戏市场的增量作出了贡献。

第三节　网络游戏主要类型

伴随着网络游戏的日益发展和不断创新，关于网络游戏类型的划分也越来越复杂。有的学者将其分为角色扮演、动作射击、模拟战略、益智游戏四类；[①]也有更为详细的划分，分为角色扮演游戏（role-playing games, RPG）、策略游戏（strategy games）、益智游戏（puzzle games）、冒险游戏（adventure games）、模拟游戏（simulation games）、战争游戏（war games）、动作游戏（action games）、运动游戏（sport games）、竞赛游戏（racing games）、教学游戏（teaching games）等 10 类。[②]其中，大型多人在线角色扮演游戏（MMORPG）、多人在线战术竞技游戏（MOBA）和第一人称射击游戏（FPS）是玩家人数最多的三类网络游戏。

MMORPG 是 Massively Multiplayer Online Role-playing Game 的缩写，即大型多人在线角色扮演游戏。MMORPG 是角色扮演类（RPG）游戏的延伸，与传统 RPG 游戏相比能够同时容纳更多在线玩家，互动性更强，但其本质特征仍然根植于传统角色扮演类游戏。角色扮演类游戏源自桌上游戏《地下城与龙》（*Dungeons and Dragons*），该游戏以掷骰子的方式在纸上进行，玩家扮演一名幻想中的角色，和其他玩家一起，在仲裁者——游戏主持者或地下城主的指导之下通力合作，演绎出游戏情节。在这些游戏中，角色扮演者们创造出一种不断积累技能值和经验值的"升级"（levels up）模式。[③]由《地下城与龙》衍生而来的 MUD 游戏使角色扮演类游戏在 20 世纪 70 年代末和 80 年代初期风靡美国大中院校。MUD 即 Multi-User Domains 或 Multi-User Dungeons，是一种通过文字参与的角色扮演游戏，参与者在连线后可以通过文字向电脑发出各种指令，创造出一个新的生活空间，在其中参与各种活动并与其他玩家聊天互动。随后的角色扮演类游戏开始追求玩家的声音和视觉体验，所营造的虚拟环境越来越逼真，角色形象也出现了越来越多的变化。

---

① 廖佩珊，郑景仁. 大台北地区中学生线上游戏涉入研究. 智慧科技与应用统计学报. 2004,(2):73-101.

② 杨敏杰. 线上游戏之消费者行为研究：态度、主观规范、知觉行为控制、行为意图与沉迷行为之应用. 台湾中兴大学学位论文，2006 年，第 4—6 页.

③ Waine, M. The Evolution of Console RPGs, PS2. 2001, (October):98-103.

有学者对角色扮演类游戏提供了一个简单的界定，即玩家拥有一个随时间变化的人物，这个人物被指定了一系列物理的和其他方面的属性，这些属性随着时间而变化，也作为玩家行为的结果而变化。玩角色扮演类游戏的艺术在于掌握角色和任何给定的游戏情境之间的复杂关系。[1]角色扮演类网络游戏的剧情往往是开放式的，需要多名玩家同时参与，在游戏进程中共同决定游戏故事的发展。在角色扮演方面，玩家不受任何伦理、性别、身份等因素的限制。他们可以以现实中的自我为参照，也可以与之有天壤之别，对于游戏玩家而言，扮演好自己在游戏中的角色以及生活在虚拟网络游戏空间已经成为玩家日常生活的重要部分[2]。

MOBA的全称是Multiplayer Online Battle Arena，也被称作Action real-time strategy（Action RTS，ARTS），中文译为多人在线战术竞技游戏/多人在线战斗擂台游，是即时战略游戏（RTS）下面的一个子类别。与MMORPG游戏不同的是，MOBA游戏强调小群体的团队配合，相互之间具有很大相似性。[3]在MOBA游戏中，玩家一般被分为两队进行战斗，通常每个玩家只能控制其中一队中的一名角色，双方以打垮对方队伍的阵地建筑为胜利条件。每队的玩家人数为5人，有的MOBA游戏也提供其他人数的游戏模式，如《英雄联盟》和《王者荣耀》都提供1V1、3V3、5V5三种对战模式，《王者荣耀》还推出了“五军之战”模式，一局可以容纳25人，存活到最后一组的队伍获胜。玩家自行组队或由系统随机配对形成战队后，每个玩家按照需要和意愿选择各自操作的英雄，共同确定战术和行进路线，然后开始对战。一般一局游戏持续十几分钟到一个小时。MOBA游戏考验的是玩家的操作能力和战术思维，也考验团队合作能力，在青少年中颇受欢迎。根据艾瑞咨询的调查，2012年我国MOBA游戏用户的52.5%分布在19～24岁的年

---

① Zach Waggoner. My avatar, My self: Identity in Video Role-Playing Games. Jefferson, North Carolina: McFarland & Company. 2009:13.

② 雪莉·特克. 虚拟化身：网路世代的身份认同. 谭天，等，译. 台北：远流出版事业股份有限公司，1998年，第251页.

③ Alexandra Buchan, Jacqui Taylor.A Qualitative Exploration of Factors Affecting Group Cohesion and Team Play in Multiplayer Online Battle Arenas(MOBAs).The Computer Games Journal. 2016,(5):67.

龄段。[①]我们的研究也反映出，随着近些年《王者荣耀》的异军突起，MOBA游戏因其团队作战的乐趣所带来的社交性，在青年玩家包括女性玩家中日益流行。目前最受欢迎的MOBA游戏包括美国拳头游戏（Riot Games）推出的《英雄联盟》、腾讯推出的《王者荣耀》和美国暴雪公司推出的《DotA》（*Defense of the Ancients*）等。

FPS指 First Person Shooters，即第一人称射击游戏或第一视角射击游戏，它是ACT（Action Game）动作游戏下射击类游戏的一个分支。这类游戏采用第一人称的玩家主观视角以区别于之前游戏普遍采用的第三视角，"屏幕代表着玩家眼睛的投射"[②]，玩家看不到自己的身体全貌，只能看到拿着武器的手，给玩家带来身临其境的体验感和视觉冲击，增强了游戏的主动性和真实感。随着游戏设计的不断改进，FPS游戏增加了更加丰富的剧情、精美的画面和生动的音效，迅速发展为颇受玩家喜爱的独立游戏类型。相较于角色扮演类游戏和MOBA游戏，第一人称射击游戏对玩家手眼协调和反应时间的要求最高，[③]因此受到不少青少年玩家尤其男性玩家的青睐。我们的访谈对象玩得最多的FPS游戏是美国暴雪公司出品的《守望先锋》和韩国Smile Gate开发的《穿越火线》。

此外，上一节提到的乙女游戏也在年轻女性玩家中备受欢迎。1994年，日本光荣株式会社开发的乙女游戏《安琪莉可》一炮走红，游戏简介指出："这是第一款由女性设计给女性的游戏，也是乙女游戏的滥觞。"由此，乙女游戏在日本开始逐渐发展，成为日本女性向ACG文化的重要组成部分，并从日本传播到包括我国在内的许多国家。此类游戏打破原有权力体系和性别规范，塑造符合女性玩家期待的虚拟环境，使女性玩家代入游戏人物进行自我表达和情感体验，通过对剧情的选择、解读和与虚拟人物的互动，产生玩家与虚拟人物之间新的关系模式。《恋与制作人》《未定事件簿》《灵猫传》等都是在国内颇受欢迎的乙女游戏。

---

① 艾瑞咨询. 中国MOBA游戏用户行为研究报告简版（2012—2013年）. http://www.iresearch.com.cn/report/1973.html. 2017-09-13.

② 张玉佩. 线上游戏与媒体文化. 新闻学研究. 2011,(108):5.

③ Kathrin M.Gerling, Matthias Klauser, Joerg Niesenhaus(2011). Measuring the Impact of Game Controllers on Player Experience in FPS Games. International Academic Mindtrek Conference:envisioning future media environments, 77(2),83-86.

第二部分

玩之形式：游戏世界中的自我表达

　　无论选择哪一类游戏，玩游戏时，我们都以游戏角色作为自己的替身，在游戏世界中行走。我们需要进行角色扮演，把自己的个人特性和理想期待赋予游戏角色，以期造就一个全新，又与自身存在千丝万缕联系的另一个"我"，借由它的身体在游戏世界中呈现我们的态度和价值。我们与他人相遇相知，在游戏特有的话语体系里表达自我，建构认同，形成一个个共同体，同时也在日常交往中传递温暖，感知情谊。

第一章　角色扮演：交融理想与现实的符号化呈现

每款游戏都为玩家设置了若干不同类别的角色供玩家自由选择，角色类别即意味着玩家在游戏虚拟世界中的身份定位。例如，角色扮演类游戏《魔兽世界》提供联盟和部落两个对立的阵营，有 13 个种族：人类、兽人、侏儒、矮人、德莱尼人、牛头人、熊猫人、狼人、血精灵、地精、暗夜精灵、亡灵、巨魔，每个种族都有男女性别之分。12 类职业：战士、牧师、法师、术士、猎人、萨满、圣骑士、武僧、德鲁伊、潜行者、死亡骑士、恶魔猎手，每个职业又分为坦克、输出和治疗三种天赋。即时战略类游戏《王者荣耀》设置了坦克[①]、战士、刺客、法师、射手和辅助 6 种职业，目前一共推出 106 位男女英雄，英雄人物之间有生存能力、攻击伤害、技能效果和上手难度的区别，拥有不同的属性和技能，且每个英雄都有多个主动攻击技能和 1 个被动技能。

无论是 MMORPG，还是 MOBA 或 FPS，每一款网络游戏都会要求玩家至少选择一个角色作为自己的化身进入游戏空间，一些玩家还会同时拥有多个账号扮演不同角色。扮演谁、怎么扮演，成为玩家在游戏世界面临的第一道选择题。

---

① 坦克职业：主要是指血量高、防御高，在团战中担任前排，为队员抗伤害，保护后排输出的职业。

第一节　为何偏偏是"它"

一个玩家对于自己在游戏世界的化身——游戏角色的选择受到多方面因素的影响，既与其接触游戏的经历和玩游戏的目的有关，也受到角色形象和角色定位方面的影响。

因素之一：玩家与一款游戏是如何产生渊源的

很多玩家第一次接触一款游戏时大多是通过一定的途径，例如朋友、亲人介绍，网络视频、直播等。玩家对于游戏的首次接触，也许就奠定了玩家在一定时间段内的角色选择偏好。

新玩家对于新接触的游戏是陌生的，就像人们身处一个完全陌生的环境中会带有不安情绪一样，会显得手足无措。此时，身边亲友的建议大多会被玩家采纳，并在一段时间内按照这个建议去熟悉游戏与操作。MOBA类游戏《英雄联盟》和《王者荣耀》中，"德玛西亚之力""妲己"等操作简单、比较容易上手的角色往往会被老玩家推荐给刚刚接触这款游戏的朋友，并会陪伴新手玩家很长一段时间。MOBA类游戏系统自身也会根据角色操作的难易程度，向新手玩家推荐一些角色，帮助玩家选择。

通过直播或者视频进入游戏的新手玩家，一般受到主播或者视频作者的影响较大。该类玩家在玩游戏时往往会选择与经常观看的主播所玩的同一角色。这是因为：一方面，玩家观看视频与直播较多，比较熟悉该角色；另一方面，该角色在主播或者视频中通常处于一个比较强势的地位，给人以角色厉害的感觉，从而使新手玩家忽略主播或者视频作者本身的技术水平，优先选择这类角色。

有些游戏从知名小说、动漫IP改编而来，例如《航海王》《火影忍者》《刀剑神域》等手游。如果一个玩家是该小说或动漫作品的忠实粉丝，他/她在进入游戏时，往往会将这份感情转移到游戏角色身上，选择自己在原创作品中所喜爱的角色。操纵自己钟爱的角色，会给玩家带来心理上的满足感。

　　游戏攻略的查询也会影响玩家在游戏初期的角色选择。某些新手玩家在开始玩一款新游戏之前，会上网查询攻略，了解各类角色的职业特性。攻略中会罗列各种类型的角色：技能帅气但需要操作的，技能元素质朴但操作简单有效的，辅助类型的，适合PVP（player versus player，玩家对玩家）、适合PVE（player versus environment，玩家挑战游戏程序所控制的NPC怪物和BOSS）的，等等。新手玩家会根据网上攻略的介绍，结合自己对于个体特点的认知去选择角色。

因素之二：玩家为何要开始玩游戏

　　玩家总是基于不同的游戏动机去玩游戏的。动机不同，对于游戏角色的选择也不一样。"强度党"追求的是角色的实用性，为了在版本中获得更多优势，即使他们喜欢御姐、萝莉，为了追求强度，还是会愿意选择版本中更强的抠脚大汉；"颜值党"则更倾向于表达自己的审美，塑造完美的外形，比如2013年推出的《剑灵》，其爆火原因之一就是其作为一大卖点的捏脸系统，使不少玩家沉溺其中，捏御姐、捏萝莉、捏邻家小妹，一切都以好看为第一要义；真爱党可以单纯出于爱的目的，将特定角色的账号打理得漂漂亮亮；还有很多玩家因为各种原因而进行跨性别扮演，他们选择进行性别转换，扮演异性角色。

　　总的来说，社交是玩家最为主要的游戏动机之一。游戏是一种交互性较强的娱乐活动。游戏不仅给玩家提供游玩体验，也是一个很好的玩家之间互动社交的平台。在游戏中，玩家在战斗和做任务中会需要与其他玩家展开各种类型的虚拟交际行为，在此过程中，玩家能够表达自己的意见观点，与他人进行互动，建立新的网络社交关系，这种网络社交有时也能发展成为现实中的社会关系。角色作为玩家在游戏世界中的形象代表，所呈现出来的语言、行为、性格、服饰等都是玩家所选择和创造出来的，具有其个人特质的信息。因此，如果玩家注重游戏社交，那么他在选择游戏角色时必然会考虑到角色形象对游戏社交的影响，并且更倾向于选择受人欢迎、看起来亲和力强的角色，这更有利于保证玩家在开展社交活动时能够给别的玩家留下较好的第一印象。

　　部分玩家玩游戏的目的非常单纯，就是为了通过游戏胜利获得满足感与成就感。每个游戏版本都有相对强势与弱势的角色，为了更容易获得游戏胜利，玩家会根据补丁对于游戏版本的影响去选择较为强势的角色，甚至不惜耗费时间精力去适应和提升对一个全新角色的操作。该类玩家对于游戏角色的选择变动较大，会根据版本的变动来进行自己角色的选择。为了取得游戏的胜利，一些原本偏好于刺客、法师、战士类型角色的玩家，也会尝试去熟悉坦克、辅助角色的操作。

　　有些玩家是为了和周围朋友增加共同话题而玩游戏的。这类玩家往往会在角色选择时与朋友选择同一阵营的角色，以便后期更好地一起进行游戏冒险与合作。例如在《魔兽世界》这款游戏中，角色分为部落与联盟两大阵营。每个阵营都有不同的种族可以选择，同一阵营的玩家可以共同完成游戏里的任务，经历游戏中的故事与剧情，合作完成副本挑战等。而不同阵营的玩家属于敌对势力，大多情况下无法进行合作与交流，在这种情况下，好友的阵营选择在很大程度上决定了玩家的角色阵营选择。

　　情侣玩家往往会将玩游戏作为一种可以双方一起完成的行为，希望借此增进亲密关系。MOBA类游戏中通常存在战士、法师、刺客、辅助、坦克5类角色，分为上路、中路、打野、辅助、下路5种位置，每种位置有各自的职责分配。一些玩家在与伴侣一起玩游戏时，在个人特长、喜好等因素的基础上，往往会选择与伴侣配合较为密切的位置角色，扮演下路与辅助、中路与打野等位置联系密切的角色组合，通过彼此配合提高双方的默契度，增加交流，在操纵游戏角色的同时，亦满足双方在现实中的情感需求。

　　还有一些玩家玩网络游戏的目的是体验不同的游戏剧情。在游戏角色的选择上，这类玩家更偏向于面面俱到，对同一角色的忠诚度并不高，喜欢切换不同角色，感受不同职业角色带来的不一样的体验。比起专精于某一特定角色，这类玩家更加倾向于用不同的游戏角色来探索游戏世界，感受故事剧情走向，了解虚拟世界所搭建的世界观，在各种虚拟场景中游历。这种重心在于体验游戏的玩家也被称为"养生玩家"，他们不会热衷于装备提升，不在意角色数值的增长，但却愿意花比较多的时间去体验不同的角色，一切都比较佛系养生。

同时，游戏中也存在着一些独特的玩家群体，无论游戏版本如何更迭，他们都钟情于同一角色——可以称之为他们的本命（信仰）角色。和"养生玩家"相比，这类玩家对于游戏胜利的渴望需求同样不高，不过他们对于某些游戏角色情有独钟。该角色的故事背景可能给予了玩家强烈的感情共鸣与认同，使玩家在操作该角色时有很强的代入感，仿佛自己正是孤高的剑客或者拥有魔力的半神；抑或角色在技能方面与玩家的操作习惯相符合，在视觉与操作视角上的特效比较炫酷，满足了玩家心理上仰慕强者的需求；一些老玩家在当初新手阶段时受到了电竞职业选手的影响，某些选手的招牌角色给他们留下了深刻印象，这种印象在老玩家身上也会潜移默化为对某一角色的信仰。操作这一角色时，玩家觉得自己正在向着偶像选手靠近，这一信仰在某种意义上可以看作明星选手与招牌角色的身份重叠，从而带给玩家独特的吸引力。出于对游戏角色的认同或信仰，这些玩家对于角色的选择相对稳定，无论角色在当前游戏版本中表现如何，他们都倾向于只选择这一角色。他们的游戏目的并非单纯的胜利，而是更偏向于自己对于游戏的体验以及操作表现。相比较于游戏胜利，这些独特的游戏角色体验更能满足此类玩家的需求。

此外，即使在同一款游戏中，玩家如果选择了不同的游戏模式，也会根据游戏动机选择不同的角色。比如下面一位玩家谈到的：

"就我而言，要是平时打打匹配模式、打打娱乐赛，我就拿自己喜欢的或者想要练习的英雄，最好有一定的颜值，在游戏中技能酷炫的；而在排位赛或者巅峰赛中，我必然会选择自己擅长的英雄或者迎合团队需要拿英雄（补位），毕竟这类模式是奔着游戏胜利去的，随意选择英雄是对自己的不负责，也是对团队的不负责。"（玩家M1）

因素之三：游戏角色本身

玩家在游戏中的社会交往都以游戏角色作为载体。角色的性别、外形及其身份、能力，代表着玩家在虚拟世界里的"人设"，角色本身因此成为影响玩家决策的重要因素，也因此附带了更多的个人想象与期待。

角色形象

玩家进入游戏之后，最能够直接获取的信息是游戏角色所带来的各种感官感受，比如容貌、服饰、声音、动作等，而角色的身份、属性等感官以外，认知层面的信息传递则依赖于进一步的游戏行为，所以角色的外形往往第一时间影响到玩家对游戏角色的选择。甚至有部分玩家只是纯粹为了欣赏游戏角色的外形而玩游戏，这类玩家可以被称为"颜值派"玩家。"颜值派"玩家通常都非常看重游戏角色的外形，对于游戏里新出的皮肤、服装等热情高昂。

角色故事

角色作为玩家与游戏世界连接的桥梁，是玩家在游戏中所采取的行动、所产生的思想和情感的延伸。玩家选取角色也是选取自己想要体验的故事，渴望通过扮演所选角色去体验现实中无法体验到的存在方式，借助角色的双眼去观看玩家所好奇的另一个世界。所以，被选择的角色故事体现了玩家内心对该故事中包含的行为、情绪、经历、所见所闻、所思所想的渴望与归属。

游戏角色的故事由角色身份和剧情共同构成。

游戏角色的身份构建可以分为三类：原创、有原型参考、同人。原创身份是基于游戏的世界观构架被设计出来的角色；有原型参考的身份即角色的设定参考了某些已有的人物，原型与角色并不是同一个人；同人则是将已经存在的人物融合游戏的世界观进行改编后的角色，虽然在原来的人物设定基础上做了修改，但仍然可算是同一个人。同人身份的角色相较原创角色更具有知名度和粉丝基础，某些玩家玩游戏就是出于对同人角色的喜爱。游戏角色的身份是故事开始的起点，是进入游戏世界的大门，角色身份直接影响到接下来游戏剧情的展开。不同的游戏身份对应着不同的剧情，游戏的开展是否符合心意，角色身份的选择至关重要。有时，在同一个游戏中，玩家选择的游戏角色身份不同，他们所带来的游戏体验感甚至会有非常大的差别。

只要是有主角的游戏，剧情都不可或缺。剧情是决定游戏走向、游戏中的操作、游戏中可能遇到的玩家以及游戏中人事物的基础。剧情为游戏中人物的行为提供合理动机，是开启各种任务的必要铺垫。玩家根据剧情去完成任务，游戏的参与感和沉浸感由此产生，所以剧情的选择直接影响到玩家的游戏体验感。剧情给玩家提供了两种价值：情绪价值和娱乐价值。玩家想要从游戏剧情中获取情绪价值时，他选择某个角色通常是因为该角色的故事触动了玩家。在游戏的过程中，玩家以角色的身份去经历游戏角色的故事，借助游戏角色的故事去释放自己内心的悲欢离合。玩家想要从剧情中获取娱乐价值时，他们可能会选择比较好玩的角色，或者选择任务很有趣的角色，去体验角色带来的放松和愉悦。

角色参数

对于角色扮演类游戏而言，角色故事是影响玩家角色选择的重要因素。而对于竞技类游戏而言，角色的技能、装备、各项属性的数值指标则是选择游戏角色非常重要的参考因素。竞技类游戏玩家最看重的是战斗过程和竞技结果，竞技游戏的胜败虽然取决于玩家的竞技技术、临场对战时的心态、玩家的应变能力、战略和战术选择，但所选角色的技能、装备、各项属性的数值指标都会对竞技结果起到直接的影响。

技能：只要是竞技类型的游戏，角色就需要一定的技艺。在竞技游戏的设定中，不同的角色，其技能也不相同，具体表现在技能的类型、冷却时间、角色能够发动的技能数量、技能效果、攻击范围、角色技能之间的相辅或相克制属性等方面。玩家通常会针对不同的战局和对手情况选择最有利的角色应战。

装备：在竞技游戏中，游戏装备是必不可少的。角色装备之间的差异表现为，该游戏角色能够适配哪些武器，同样的装备在不同的角色手中能够发挥怎样的作用，角色能够配置的装备数量，使用该角色装备的操作难度等。

各项属性的数值指标：游戏角色所具有的属性通常以数值指标来衡量。这些数值在养成或文字类游戏里体现为角色各项才艺指数、性格成分等影响角色发展的指标。在竞技性游戏中则偏向战斗的指标，如身体素质、生命值、防御力、攻击性等对游戏竞技的战斗过程和战斗胜败都有直接影响的指标。

第二节　如何造就"它"

赫伊津哈的游戏理论指出，游戏具有几大特征，即自愿、假装、受特定时空限制、规则。网络游戏中的角色扮演体现了游戏的"假装"这一特征，角色成为连接玩家与游戏、现实与虚拟的桥梁，在玩家"假装"角色的这一过程中，游戏角色成为玩家自我认知在虚拟世界的投射，成为交融理想与现实的符号化呈现。

角色成为自我的延伸

在早期的网络游戏"泥巴"（MUDs, Multi-User Domains，或 Multi-User Dungeons）中，玩家用昵称代替自身，单纯的文字符号难以产生具象的形体感受，不能带给玩家真实的感受，无法产生自我对话。而后期发展起来的网络游戏中，游戏角色的出现赋予了玩家以身体，虽然这个身体是虚拟的，但和现实身体一样有着具象化的外貌、身材、发型和服饰，能够完成游戏需要的各种动作。游戏角色以符号化的身体的形式让玩家在虚拟世界中找到了躯体外自我的新的依托。

玩家通过角色和昵称探索游戏世界、完成游戏任务，并在此过程中与其他玩家交流互动，展开对话和竞争。因此，玩家在创造虚拟世界中的躯体外自我时往往会将个人的某些特征投注到角色身上。Zach Waggoner 在观察不同类型玩家的角色设置行为时发现，无论是硬核玩家（hardcore player）、休闲型玩家（casual player），还是菜鸟玩家（non player），都在角色的基础设置上投射了大量现实自我的影子。玩家 Tom 按照自己的性别、种族和外形来设置他在游戏 *Oblivion* 中的角色形象，非常仔细地调整角色的面部器官以使角色看上去和自己最大程度地相似，甚至连角色的名字也和现实中他的名字一模一样。[①]女性玩家Bianca是在美国的第二代波斯移民，当她在为游戏*Fallout 3*设置角色形象时，不仅因为"我是女性，我希望做我自己的性别，我想要更多地呈现我自己"而选择女性角色，并且按照波斯语的意思为角色取名Joojee，意即喜爱。[②]

在我们的研究中，网络游戏玩家同样会在角色形象选择以及昵称设置中融入现实自我的某些特征，将自己的性别、性格和兴趣爱好嵌入角色符号中。

性别延伸

"我的职业是天香，奶妈角色，因为比较喜欢出辅助。感觉自己太弱了老被人打死，奶妈毕竟还可以自保（捂嘴笑的表情）。女孩子嘛，基本都是玩这个职业的。我选的角色性格跟自己差不多的样子，做事方式也差不多，考虑再三，挺细致的。"（玩家F1）

"玩《传奇世界》的时候扮演法师，因为可能女生不愿意冲到前面跟别人肉搏，一般都是选择远程攻击的。我一般选择的角色以法师居多，其次是道士，战士较少，都是女性角色。"（玩家F2）

我们发现，青少年玩家在刚开始玩游戏时一般都按照自己的性别来选择游戏角色，并且在职业选择上会潜意识地代入性别特征，这在女性玩家身上体现得尤为明显。玩家F1和F2以及其他绝大部分女性受访对象都偏向于玩法师、女巫这样的辅助类角色，比较偏好远程进攻，不喜欢近身肉搏。这符合研究者得出的女性玩家对游戏暴力的喜好程度远低于男性的研究结果，同时也与女性认为自身比较柔弱的传统认知有关。

外形延伸

网络游戏里游戏角色的形象大致可以分为人类、类人类和非人类三个大类。

---

① Zach Waggoner. My avatar, My self: Identity in Video Role-Playing Games. Jefferson, North Carolina: McFarland & Company, 2009:107.

② Zach Waggoner. My avatar, My self: Identity in Video Role-Playing Games. Jefferson, North Carolina: McFarland & Company, 2009:142.

类人类和非人类通常不具备正常人类的外貌，玩这类角色的玩家往往有一种猎奇的心态，喜欢体验不一样的、比较野性的种族角色，比如牛头人、兽人等。大部分玩家还是倾向于扮演自己熟悉的人类角色，所选择的游戏角色的形象往往与玩家真人的外形有某些相似之处。

性格延伸

除了在游戏角色身上体现出自己的性别，玩家们还会将个人性格投射到角色身上。

"一般会选女性，但有些角色的衣服特别暴露，我会选保守一些的，倾向于选择一些比较帅气一些的女性角色，倾向于比较洒脱、豪爽的角色。一般来说，我是不太喜欢那种可爱、温柔、娇媚的角色的。我个人更倾向于比较中性的，对，比较中性的角色。然后选角色时另外一点就是个人性格的一个投射吧，如果我个人平时做一些事情比较豪爽，那我想选择的角色也是比较豪爽一些，我应该不会选择和我性格相反的角色。"（玩家 F3）

现实中的玩家 F3 虽然讲话声音不是很大，但做事比较干净利落。在研究者认识她的四年里，她几乎一直保持清爽的短发，穿着打扮上不是很女性化，夏天也很少穿裙装。性格上的中性化在她的游戏角色选择上体现得非常明显：不喜欢温柔、娇媚、性感这样女性标签鲜明的形象，愿意选择性格豪爽、具有英武气质，偏中性一点的角色。

玩家 F4 是一所职业高中的高二学生。研究者见到她的那天，她穿着校服，短发，讲话声音不大，语速很快但表达简洁有力，有着超乎年龄的成熟和稳重。

"我在剑灵里扮演的是灵族，因为矮，很可爱，很 Q（cute 谐音）。现在这种游戏……你知道它的风格本身比较偏向性感化，但是对于当时还没成年的女性玩家来说，对这种审美我当时不是很接受，当然现在更容易接受了。当时我是初中生，所以当时就选了更加符合自己审美的可爱型角色。角色的性格在种族这方面其实是有点预设的，所以也会考虑性格这一块，会选跟自己比较相像的角色，因为毕

竟网络游戏就是讲究一个代入感。"（玩家F4）

F4不止一次提到网络游戏的代入感。代入感意味着玩家感同身受，似乎自己就是游戏里的角色，亲身在虚拟世界里纵横驰骋。玩家越是将现实生活中的个人特征代入游戏角色中，在角色身上看到自己的影子，代入感和随之而来的个人认同也会越强。玩家M2甚至将自己的性格特点代入游戏角色使用的武器里。"在FPS游戏里面，其实我觉得我的性格也可以代入到游戏中的武器里。因为其实FPS里面……我举个例子，比如像《穿越火线》或《CS：GO》，这种游戏卖点就是不同的武器怎样发出不同的效果，当我拿着不同的枪的时候，发现我在里面的个人感觉，代表的性格其实是不一样的。比如说你拿个冲锋枪，那就可能需要突突突，可能要冲在很前面，打得节奏快一点；你拿把狙击枪可能就要猥琐一点，躲在枪的后面，可能就过来一个你狙杀一个。我自己发现，其实我个人性格在这个游戏里面也有很好体现。"（玩家M2）

姓名和喜好延伸

与游戏角色形象紧密相连的是角色昵称。对于部分青少年玩家而言，昵称也是非常重要的一个关于自我的符号指代。正如卡尔霍恩所说："没有名字、没有语言、没有文化，我们就不知道有人。自我与他人、我们与他们之间的区别，就是在名字、语言和文化当中形成的……自我认识——不管如何觉得自我是发现出来的，终归是一种建构的结果——永远不会和他人按照独特的方式所作出的判断完全相脱离。"[1]作为玩家行走游戏世界的代号，昵称和现实世界里的名字一样，具有指代一个个具体玩家的能指功能，是玩家用于识别彼此的身份符号。

由于网络空间匿名性和身体不在场特征所带来的自由，大部分玩家在取游戏昵称时都采取一种随意的姿态，"随便取的""没什么特殊意义"，但也有部分玩家为昵称赋予了与现实自我相关的特别含义。有研究者在访谈青少年网络游戏玩家时发现，5位受访玩家都认为游戏角色的昵称非常重要，既需要让自己看了感到满

---

[1] Craig Calhoun. Social Theory and the Politics of Identity. Oxford:Blackwell, 1994:9–10.

意，更要能体现出自己对待游戏的态度。①在我们的访谈中，部分网络游戏玩家会将自己的个人信息或爱好反映到昵称中。比较常见的是使用真实姓名中的一两个字，以此将虚拟自我与现实自我联系起来，实现躯体自我和躯体外自我对话的同一性。例如，玩家M3将名字中的"栋"字用在游戏昵称中，玩家F5的昵称中有自己真名中的"婷"字，玩家F6则按照自己名字的发音为角色取了英文名。

玩家M4是初一学生，面访那天他穿着一套红色的T恤和短裤，他的昵称和他的穿着一样表达了明显的个人爱好。

"我每个游戏的昵称都一样，'不再失落焰火'，好记。我的昵称分两段，前一段是我看贝爷的一本书《荒野求生》，其中四个字'不再失落'让我印象特别深刻，这几个字是贯穿全文的，是线索，我就拿来做我昵称的前面。后面两个字是'焰火'，我喜欢红色，又喜欢火。我QQ的签名是'never be lost'。"（玩家M4）

选择角色和取昵称是玩家进入游戏世界的第一步。绝大部分玩家在这个过程中都会将姓名、性别、性格、喜好，甚至处事方式等现实自我的部分特征投注到自己在游戏世界的替身和化名上，通过符号的形式将现实自我代入游戏世界，赋予角色符号以个人意义并以此实现现实自我与虚拟自我的勾连，为后续在符号化互动中建构自我认同做好准备。

角色成为理想化的自我想象

从前面的分析我们已经知道，游戏角色外形的可发展性也是玩家尤其"颜值派"玩家选取角色时非常看重的一个因素。角色外形的可发展性，在游戏中体现为角色形象可以随玩家意愿被改造的程度。目前可发展性最高的角色形象是自定义人物形象，即玩家可以从游戏提供的人物部件素材库中选择素材自由组合成玩家喜欢的模样。游戏《天谕》的捏脸功能就是典型的自定义人物形象。角色形象自定义功能极大程度地发挥了角色外形的可塑性，这一玩法解决了游戏提供的角色不合玩家心意的问题。

---

① 严梦音.虚拟与现实：网络游戏中青少年的自我认同.广西师范大学硕士学位论文,2017 年，第 28—30 页.

　　游戏中人类角色的外貌普遍高于大部分人所能达到的外貌水平。因而，在这个存在外貌焦虑的时代，玩家一般会按照自己的审美要求来决定角色外观，对游戏角色外形的选择也就体现了玩家对于个人形象的理想化想象。

　　角色的行动是玩家意志的主动呈现，玩家可以按照角色分类选择自己希望扮演的游戏人物，并在游戏允许范围内对人物形象进行调整。这就赋予了玩家极大的自由，使玩家有机会弥补现实生活中自身形象和能力的不足，跨越现实因素的限制，穿越时空，选择扮演比现实自我更为完美更加理想的另一个"我"。在游戏进行时，这个另一个"我"不断渗入玩家的脑海中，键盘鼠标和触屏的操作等同于角色在游戏世界里的行动，游戏所创造出来的虚拟世界让玩家产生沉浸感，这种沉浸感会模糊真实与虚拟的界限，从而给玩家一种成为理想中的自己的幻觉。

　　玩家对游戏角色的理想化想象主要体现在他们对角色外在形象的追求，以及对角色性格和能力的挑选方面。

对于外形的想象与追求

　　在网络游戏中，玩家可以根据自己的喜好和想象选择符合个人审美需求的游戏人物，一些游戏甚至允许玩家对人物形象进行调整，以满足不同玩家的审美要求。在玩家对游戏角色外形进行理想化追求的过程中，这一游戏功能发挥了巨大作用。

　　首先，玩家普遍倾向于在角色外形的选择上，挑选自己认为最理想最美的形象。

　　"梦幻里我有好多个号呢，基本好看的角色都玩过——飞燕女、玄彩娥、舞天姬都有。男号也玩过几个角色。选角色的标准就是好看，一般女孩子玩游戏不管什么都是看脸的哈哈。"（玩家F5）

　　"《梦幻西游》里面玩得最多的角色应该是骨精灵吧，因为我觉得骨精灵的角色设定很棒，长得好看，所以喜欢，其他都是出于好奇，但最喜欢玩的角色还是看脸决定的。（骨精灵）就是因为外形喜欢，也有点人物性格的原因吧，大家感受

到的剧情都是一样的。"（玩家F7）

"最早开始玩《梦幻西游》的时候选了一个虎头怪，觉得它特别可爱，块头挺大的一个，反正就觉得它很魁梧很帅。它是一个老虎的形象，其他很多都是一个人类的形象，它比较特别，是一个老虎的形象，就觉得它比较帅，也感觉比较厉害。在角色塑造方面，大多数时候就是一眼看过去顺不顺眼，看过去，看过去……哎，这个形象，或者说有那种很具体的头发、衣服、鞋子这种的，不停地换、不停地换，就是看这种感觉。这个顺眼，就先定这个头发，再定衣服，我觉得这个跟大众的审美还是一致的，你觉得这个帅那个也帅。游戏一般也不会推出太丑的。"（玩家M3）

绝大部分女性玩家与F5和F7一样，将"好看与否"作为选择游戏角色的主要标准。

男性玩家虽然在选择时会考虑角色的门派、能力等其他因素，但角色外形依然是重要的选择指标。玩家M3喜欢虎头怪的魁梧和帅，同样，玩家M5在《梦幻西游》中扮演龙太子和剑客，选龙太子的原因是"因为在仙族的男性角色里龙太子比较好看，还有就是武器比较好看"，选剑侠客的原因"也差不多吧，主要是好看，还有门派的原因"。即使是当前更为流行的注重竞技的MOBA类网络游戏如《王者荣耀》，角色的外表也对青少年玩家尤其女性玩家的选择产生很大影响。

"就《王者荣耀》而言，姐姐你看，一般女生多会选择图一、图三这些长得好看的。像图二的项羽这些大汉我一般就选得比较少。像这些美丽的小姐姐我一般玩得比较多（图2.1～图2.3）。"（玩家F2）

图2.1　角色貂蝉　　　　　图2.2　角色项羽　　　　　图2.3　角色诸葛亮

其次，除了从系统提供的角色中挑选最满意的形象外，玩家还会自己动手尽可能地调整角色外形，直到使自己完全满意。许多游戏提供了丰富的"捏脸"系统，即玩家自己来DIY一个独一无二的专属于自己的角色形象，通过调节发型、肤色、脸型、五官、身材等各种参数创造出一个自己喜爱的角色，该角色也是玩家在游戏中的全新人生主角。以《天涯明月刀》为例，玩家进入游戏选择门派和性别后即可从"定制细节"进入捏脸界面，首先选择一张基础脸型，然后从位移、旋转、缩放三个维度对角色五官的细节进行调整；除去各个具体部位之外，游戏系统还提供眼睛整体、鼻子整体和嘴巴整体的调整选项；之后，玩家还可以通过"修容""发型"选项进一步改变角色外观，甚至连眼影、眼线、文身、皮肤质感等现实生活中的妆容及修饰效果都可以操作。选择角色和调整角色外形这一过程赋予玩家极大的乐趣和自由，让他们得以破除原生面貌的桎梏，对自己改头换面，实现在虚拟世界的新生。

玩家F1在现实中是个非常普通、有点内向的女孩子，用班主任老师的话来说是"长相一般，性格沉闷，成绩中等，与班里同学都不合群"，她"中午有时甚至不去吃饭，就趴在教室桌子上，感觉有段时间还去割了双眼皮"。或许因为现实中的自己太过于普通，F1在游戏《天涯明月刀》中扮演天香职业的奶妈角色时，对于角色形象非常在意。

"当然了！捏人物造型都要一看再看，不满意重新来的，眉型、下巴高低都可以改变的，（理想中的女性形象是）小家碧玉型的，看起来很温婉的古代女子的那种。游戏里外形是自己理想中的，偏苗条，我自己有丢丢小胖。"（玩家F1）

玩家F8正在就读初二，平时课程学习比较紧张，只能晚上回到家完成作业后再玩游戏。即使游戏时间如此有限，她也要将角色形象调整到自己心中最好的样子，为此"调整一个数据有时要花十几分钟"。同样，玩家F4和F7对于游戏人物的面部审美也有着精益求精的要求："有捏脸，说是让角色更符合自己的审美，系统自带的脸部数据和淘宝、贴吧等渠道能找到的数据大多有比例上的问题，所以通常会自己来弄。"（玩家F4）

"剑灵角色可以自己捏，所以就是按着顺手的职业来选。按自己的喜好捏了很久，因为我很看重角色的外形呀，（最后效果）很满意，因为剑灵外形可塑性很高。剑灵的号曾经是个男号，因为喜欢，捏成了在我看来好看的男号外形，看着自己角色的时候心情很好。"（玩家 F7）

此外，购买服装或皮肤也是青少年玩家装扮游戏角色，让躯体外自我更加理想化的方式之一。《王者荣耀》是比较典型的依靠皮肤经济获取收益的游戏，它的盈利核心主要来自游戏皮肤的销售。

一些女性玩家不仅精心挑选并调整角色外形，而且会用现金或游戏中积攒的金币购买漂亮的限量版服饰。相对于女性玩家对角色外形近乎苛刻的要求，大部分男性玩家不太愿意花费太多时间在外形细节上，没有女性玩家那样热衷于调整角色形象，访谈对象中只有 M6 明确表示因为"对外还是希望帅点"而为角色捏脸，但男性玩家买皮肤打扮角色的并不在少数。

"买装备不可能买，买皮肤吧。现在我觉得那些抽奖送皮肤的也特别多，一般不花钱买那种特别贵的皮肤，一般在打折的时候买，或者在抽奖的时候买，你可以花 9 块钱或者 20 块钱买到 200 多的皮肤。皮肤有特效啊，看起来很帅，很顺眼，在战斗上没有什么帮助。我总共有十个皮肤，很好看。"（玩家 M7）

玩家 M7 是高中生，平时零花钱并不多，但他会把零花钱省下来买皮肤。玩家 M6 平时会接代练，赚了的钱除了买鞋，也会买些游戏里比较好看的皮肤。玩家 M8、M9、M10、F2、F5、F8 等都买过皮肤。可见，对于角色的形象认同是青少年玩家无论男女都非常看重的，追求形象上的理想化会带给玩家一种心理上的满足感，正如玩家 M8 所说，"玩游戏会有炫富心理，我就是要比别人好看。我玩游戏是比较公平的，但是我会做出一些非常好看的东西，但是其实对你没什么用，比如说皮肤吧，只是看上去好看。你会忍不住去买，只是心理上有加成"。不过，这种形象认同随着年龄的增长和个体与外界交往的日渐加深，以及其他认同内容的逐渐增加会呈逐次递减的趋势。我们的研究也发现，中学生比大学生更愿意在选择和调整角色形象上花费时间与金钱，女性玩家中捏脸的大部分是中学生，男性玩家中唯一一个为角色捏脸的则是高中生 M6。（图 2.4、图 2.5）

图2.4　玩家F1捏的奶妈造型　　　　　图2.5　玩家M6在《剑三》中的造型

对于理想性格和人设的向往

形象是一个综合性的概念。弗洛伊德曾这样形容理想化的自我形象："它是幼稚的自我从中享受自足的原始自恋的后续……当一个男人不能被自我自身所满足时，仍然可能在从自我分化出来的自我理想中找到满足。"[①]游戏玩家在选择与其对话的游戏角色时，对这种"理想自我"的向往和呈现，不仅体现在对角色身材、外貌和装扮的精益求精，还体现在对角色性格和行事风格的追求上。玩家希望在角色身上弥补自己性格中的某种缺陷，或者实现心目中的某种想象。

"喜欢的角色可能与现实的自己相反，通俗点讲就是上去就跟对面打的那种就是很爽。现实里性子比较慢，对这点有点不满，但无力改变（此处是流泪的QQ表情）。不过某些重要的事还不能慢吞吞的，就像考试临近才开始努力。"（玩家M11）

玩家M11接受访谈时刚刚结束高考，考得不是很好，在谈到自己如何选择角色时，他谈到对于自己做事拖沓的不满以及无法改变的无力感。或许正是因为这样，他才喜欢选择行动迅速做事麻利的游戏角色，在虚拟世界建构另一个理想中的自我。玩家M3是重点大学大三学生，斯文稳重，接受面访时思路清晰，讲话比较有条理。与他表现出来的沉稳性格不同，他在游戏中偏好勇猛类型的英雄，希望在虚拟世界展现内心被压抑的欲望，实现做"英雄"的梦想。

_____

① 弗洛伊德. 弗洛伊德谈自我意识. 石磊，译. 北京：中国商业出版社，2010年，第201页.

"角色可能跟自己心中期望的角色比较符合。比如看小说、看电影、看电视的时候，会有那种杀进千军万马里面一往无前的感觉，所以如果性格可以选择，我会选那种勇猛的，不会选冷静和胆小的，即使技术好也不会选冷静的，就是会选勇猛的那种。选武器我就偏向剑一类的，那就跟平时生活中看到的电视剧、小说里的一样，因为崇拜这样的人才会这样去选，就是按我心中英雄的形象去选。我选的角色可能跟我心中英雄的形象相契合，不会跟我自己有什么联系。"（玩家M3）

Moretti 和 Higgins 认为，"理想自我"是你或他人希望如何看你的表现。[1]吉登斯认为，"理想自我"就是"我想成为的自我"，它是自我认同的核心部分，因为它塑造了使自我认同的叙事得以展开的理想抱负的表达渠道。青少年网络游戏玩家的自我认同处于持续建构之中，他们在考虑游戏替身时会在角色的选择与塑造中投射关于自身形象、性格以及行为处世的理想化想象，将受现实条件限制不能实现的自我通过角色予以呈现，从而在另一个空间里进行与理想自我的对话与交流，完成对自我的多重塑造与表达。

现实自我与理想自我的双重投射

"投射"是一个心理分析术语，指的是将自己的态度、感情或猜想归因到别人身上，在这种心理操作的作用下，主体将在其他人或物那里看到自己曾经不了解、或排斥的特质、感情和愿望。[2]霍尔姆斯（D.S.Holmes）将投射分为四个类别[3]：一是相似性投射，即一个人没有意识到自己的特质，而不自觉地将自己的特质投射到对象物上；二是归因投射，即一个人在意识到自己特质的基础上，将自己的特质投射到对象物上；三是互补投射，是把自己意识到的互补特质进行向外投射；四是潘格罗斯-卡桑德拉[4]投射，这种投射是投射者没有意识到自己具有一种相反的

---

① Moretti,M., Higgins,E.T. Relating self-discrepancy to self-esteem: The contribution of discrepancy beyond actual self-ratings. Journal of Experimental Social Psychology, 1990,(26):108-123.

② 岳彩镇，黄希庭，彭玉等. 投射自我研究述评. 西南大学学报. 2008,(6):16-21.

③ 杨韶钢. 精神追求：神秘的荣格. 哈尔滨：黑龙江人民出版社，2002 年，第 75 页.

④ 潘格罗斯是伏尔泰小说中的人物，他不承认自己所处的险恶环境，而坚持认为他看到了世界中所有可能最美好之处；卡桑德拉是古希腊的预言家，他预言会有灾难发生，但是没有人相信他。

特质，而进行的不自觉的投射。这四种投射在概念上虽然彼此区分，但在实际发生时却很难完全分割开来。前面我们已经提到，青少年网络游戏玩家会寻找与自己有种种相似之处的角色作为替身，更希望游戏角色是符合个人审美需求的理想形象，能够弥补自身在性格和能力方面的不足，甚至会通过系统调整角色的外貌特征以至完美。实际上，在游戏角色的选择上，现实自我和理想自我的双重投射基本上同时存在，青少年玩家既希望在角色身上看到自己的影子，也希望借助角色让自己的形象和能力更加完美。

"我刚开始玩这个游戏的时候，我曾经问他们什么职业比较厉害，他们向我推荐了很多职业，然后我就在各种网站上浏览。因为我不太想当领导者，只想默默地在团队后面打输出，我就去找什么职业是输出比较高的……看到有法师这个职业，觉得他可以掌控各种不同的元素——在现实生活中人也做不到这些嘛——他可以运用各种法术，我觉得非常厉害，然后就差不多决定以后主要是以玩这个角色为主。"（玩家M12）

玩家M12在现实中属于比较会倾听，有自己独立意见但不擅长积极主动表达的学生。他在《魔兽世界》中的角色是法师，法师不是领导者但却拥有强大的伤害能力。M12外形普通，个性不张扬，在人群中不算显眼，他的个性让他不愿意出头当领导者和管理者，因此在游戏中只想默默在后面打输出。但M12是所在独立院校的一本专业学生，属于整个学校的佼佼者群体，从内心里还是希望能有突出的个人表现，法师这个职业正好可以满足他的愿望，既在性格上与自己相似，又在能力上符合自己的期待。归因投射和互补投射在他的角色选择过程中同时发生作用，让他在与想象中的自我对话中更清晰地认识自我。

"仙剑里喜欢操作的主人公一般是男二或者女二，性格偏向于沉稳的、理智的，有自己思考不是很傻的那种，一般背后的责任很大。角色跟我自己不像，但是是我所欣赏的人物。我不喜欢男一，大多数原因是有点傻乎乎的，虽然心中有大义。也会操作女性角色，因为我喜欢这样的人，比如仙六的洛昭言，很豪爽，不做作。角色跟我本人应该是有一点点像的，当然在我看来比我完美多了。现实

生活中，我也很欣赏这样的人，主要欣赏角色的性格。"（玩家F9）

"我不太了解一个游戏的时候都是看外形选角色的。外形那肯定比我要完美的。相似之处我也说不来，但有一点，就是这个人物都是远程攻击，她攻击的方式和我对人的方式挺像的。我平时对人也是，不太熟的就比较客气，有一点距离。"（玩家F10）

玩家F9在访谈中给我们留下的印象是非常理性的一个玩家，对于自己跟角色在性格方面的差异，她用"不能，我清楚自己做不到"的回答很明白地表示自己不能成为角色那样的人，角色只是"我所欣赏的人物"。但她的角色选择过程也并非没有投射任何现实自我，用访谈介绍人的话说，"她人很开朗也很好玩"，她的性格跟所操作的游戏角色的性格还是有一定相似之处的，比如她喜欢豪爽、不做作的洛昭言。与玩家F9及M12不同，玩家F10因为觉得人物画风很好看而在《倩女幽魂》里玩一个射手，在角色形象上她选择呈现理想中的自己，选择外形比本人完美的角色形象，对角色性格没有过多考虑，但实际上角色的行动方式与她本人在现实生活中为人处世的态度颇有类似之处。F4的角色选择体现出的是相似性投射和互补投射的共同结果，她通过谈论角色对自我也有了更多认识。

与前述几位玩家主要从角色性格上呈现现实自我有所不同的是，玩家M13最喜欢《英雄联盟》中的薇恩是因为角色使用的武器符合自己从小的喜好。

"最喜欢薇恩，因为很'秀'吧，因为一开始玩的就是这个，比较有感情。我比较喜欢远程职业，一开始玩游戏总是比较怕死嘛……薇恩用的是弩，我从小对这个武器有莫名的好感，而且我那时候也看过一些视频，是精彩镜头集锦，看到她可以一个人'秀'很多个角色。可能因为我这个人有点个人英雄主义，所以就喜欢薇恩一点。现实里当不了英雄，能在游戏里当当也好，有点这样的感觉吧。我从初中到高中都玩薇恩，当时号称我们学校第一薇恩，哈哈哈……薇恩和我性格应该都比较正义吧，哈哈哈，就是比较直。她比我完美的地方挺多的，她能力比较突出，我就比较碌碌无为。"（玩家M13）和M3相同，玩家M13也有一个现实中无法实现的英雄情结。M13在现实中是普通的高中生，但是他所选择的游戏角色暗夜杀手——薇恩却拥有整个游戏最强大的伤害方式。从上面的谈话内容可以看出，玩家M13从个人爱好出发选择扮演英雄薇恩，并在对理想自我的追求中通过自己的操作得到全校"第一薇恩"的称号，实现现实中不能企及的"英雄主义"。这一过程可以用Higgins对"现实自我"（actual self）与"理想自我"（ideal self）和"应该自我"（ought to self）的区分来解释。"现实自我"是指个体自己或他人认为个体实际具备的特性之表征；"理想自我"是指个体自己或他人希望个体理想上应具备的特性之表征；"应该自我"是指个体自己或他人认为个体有义务或责任应该具备的特性之表征。[①]玩家M13在现实中有"喜欢弩""比较直"等个人特征，希望自己能够"有点个人英雄主义"，现实自我和理想自我的结合造就了对英雄薇恩的选择。他从初中到高中一直练这个角色，从而让自己在虚拟世界表现出该英雄应有的以一敌众的能力，"理想自我"通过"现实自我"的努力达到"应该自我"的程度，使玩家M13实现了自我认同，在虚拟世界展现出一个比现实中的自己更优秀的"我"。

---

① Higgins ET. Self-discrepancy: A theory relating self and affect. Psychological Review. 1987,94(3):319-340.

第二章　虚拟社交：与"陌生人"的交往日常

在游戏中，无论是参与随机组队比赛，还是加入游戏公会等组织，青少年玩家都需要与其他玩家配合行动，一起完成游戏任务。在这个过程中，玩家会与其他玩家从认识到熟悉，甚至可能发展成为关系不错的朋友。玩家会不吝于向配合默契、技艺高超的"陌生人"点赞致敬，也会和经常并肩战斗的"陌生人"结成战略同盟，形成一个个小团体。由于现实身份的遮蔽与隔绝，他们可以毫无顾忌地展示自我，平日上线寒暄，有时也互诉衷肠，将生活的情绪向彼此倾诉。而日益深厚的情谊也可能跨越屏幕，向现实慢慢渗透。

第一节　为你点赞的"陌生人"

网络游戏重视社交功能，基本都开发有聊天互动的系统。玩家经由系统随机匹配，或自由组合，经常会需要与陌生人共同玩游戏，也因此会在这一过程中结交新的朋友，形成新的社交模式。在日常游戏行为中，有些陌生玩家之间会互相搭讪聊天，但更经常出现的一种交往行为是在游戏过程中互相点赞，表达对对方的认同和好感。

点赞这一网络社交行为最早源于Facebook，用于在快节奏的浏览中简单表达自己的意见。随着社交媒体在中国的普及，这一功能在微博、微信中迅速走红，甚至引起了语言学家的注意。2012 年，《咬文嚼字》杂志编辑部集合国内语言文字专家评选出"2012 年十大流行语"，表达赞赏、赞许之意的"赞"字入选。2013 年，起源于社交网站的"赞"功能，表达网民赞同、欣赏、支持或声援网络发布内容的"点赞"一词又进入该杂志评选的年度十大流行语。有学者的研究指出，点赞已成为当今大学生参与社会热点事件传播时采取最多的传播形式。[①]

网络游戏借鉴了社交网站的点赞功能，大部分游戏都开发了自己的点赞系统，玩家可以在打完一局或完成一个副本任务后点击大拇指或心形等图案，对包括对手在内的其他玩家表示称赞和感谢。和语言一样，网络游戏中的点赞图案有着多种意义，《英雄联盟》里点击玩家昵称旁边的"赞"图标，可以选择乐于助人、态度友好、团队合作和可敬的对手四种称赞内容，分别对应着玩家在游戏中的不同表现。即使没有细分内容，虚拟世界中非语言符号的所指也不再局限于传播者传达的意义和概念，而是更清晰地指向所表达的多样化现实[②]。我们的研究中，青少年玩家从团队行动中得到的"赞"代表着称赞、肯定、友好、感谢等多种意义。

"我之前玩一个职业，虽然是红色职业，但也有治疗技能和复活技能，然后一个本（一般指游戏副本，以团队形式在一个独立区域，不受干扰地进行探索、冒险的场所）里面 8 个人死了 3 个都是被我复活的，然后奶（网络游戏用语，给队友补充血量）不上来的时候也是我帮忙的。我出来的时候，'哎呀累死我了，麻烦点个赞，谢谢'！然后出来两个奶妈都给我点赞。其他输出看不到你在做什么，奶妈看得到你在干什么，这种就特别有成就感。玩这种游戏对玩家性别认知比较困难，出来后就'辛苦了小姐姐''辛苦了小哥哥'，但是有这个赞，还有这个团队氛围在里面就很舒服，打本的体验就很好。不是像上班一样，打完就走这样子。就像互道一个再见一样，真的挺好的。"（玩家 M14）

玩家 M14 玩的游戏是《最终幻想 14》。M14 玩的红色职业是输出型职业，不

---

① 李静，谢耘耕. 大学生在社会热点事件中的社交媒体传播行为研究——基于上海十所高校的实证调查分析. 新闻记者. 2018,(1):93.

② 孟威. 网络互动：意义诠释与规则探讨. 中国社会科学院博士学位论文. 2002 年，第 46-47 页.

过也有治疗和复活的技能。当他在打副本时帮助了其他玩家并因而打得非常累时，他希望得到他人的称赞和感谢，因此会在副本结束后主动要求队友给自己点赞。看到他辛苦付出的玩家会作出相应反馈，为他在游戏中的表现点赞。M3强调游戏过程中的享受，这份认可和感谢使他得到一种心理上的满足，因而更享受游戏带给他的快乐，也更愿意和团队中其他人交流。

玩家M14还提到，他和团队成员会发"辛苦"之类的话，在每次副本结束后互致谢意，表达对彼此辛苦付出的一种认可。即使这只是部分成员的行为，还有很多玩家一打完就立即解散掉，但这个仪式性的步骤只要还有人坚持，就有可能像点赞那样在玩家与其他玩家的虚拟社交中逐渐获得存在的意义。M14和一些玩家甚至利用计算机技术制作专门的宏用于这一行为。宏是计算机运行中的一种处理方式，指的是设定预定义的规则将若干命令组合在一起作为单一命令处理，使计算机操作起来更为便捷。玩家将这种计算机技术运用到网络游戏中，通过制作一些简单的宏来执行命令，使游戏过程更加方便，也使陌生玩家之间更加熟悉和亲近。

"有一种情况是14（指游戏《最终幻想14》）里面，打完本大家会互相发一个'辛苦'。我打到现在，每次打完就至少会有一个人会发'辛苦了'之类的话，表示一下。不过打完本后走的人也比较多，有时候我还没打完'辛苦了'，人已经跑掉了。人跑光这种情况也是有的。不过基本上打八人本，都会遇到打完以后总会有一个人发'辛苦了'之类的话，就是'打完了挺累的''大家辛苦了'之类。还有些会专门做一个宏，按一下就会重复操作一个文本，就像编程一样，专门发一些颜文字表情，刷屏刷一圈，正好组成一个漂亮的笑脸。有很多人做这种东西，我自己也做过一个比较简单的，主要是打得辛苦了，打完发一下，表示一下（图2.6、图2.7）。"（玩家M14）

图2.6　玩家M14和团队成员制作的宏

图2.7　副本完成后玩家M14与其他团队成员互致谢意

第二节　若即若离的归属感

大卫·霍尔姆斯认为，媒介的首要功能并不是传递信息和获得个人利益，而是让我们聚合到某种形式的社群当中，为我们带来一种归属感①。归属感是马斯洛需求层次理论中高于基本生存需求的一种高级需求。马斯洛没有给出归属感的确切定义，他只是为我们描述了归属作为一个常见主题在当代社会的重要性。工业化社会引起的频繁迁徙、漫无目标和流动性过大给儿童身心带来损害，儿童变得没有根基或蔑视自己的根基。邻里、乡土、族系、同类、同阶层、同伙、熟人、同事等种种关系所具有的深刻意义在工业化社会被低估或消解。因而，为了抵消由于社会流动性增强、传统社群瓦解、家庭活动的分散化和持续的城市化而引起的广泛存在的疏离感、陌生感和孤独感，个人成长组织和专门性社群大规模增加，人们发自本能地想要成群结队。②加入网络游戏中的各种公会组织，参与公会活动，与公会中其他玩家展开互动，就是青少年玩家寻求陪伴和团队归属感的一种重要方式，也是他们在虚拟社会进行社交的日常行为。

正如学者认为的那样，"玩家通过玩网络游戏，拉近彼此之间的距离、寻求认同、互相帮助、互谈心事，发展出同属于一个团体的认同意识，抑或因相同的目标而建立关系，借助频繁的互动，有充分的确定感去信任其他玩家。可以说，网络游戏已经成为一种新兴文化，玩家在其中可以找到情感宣泄的渠道，并产生归属感和安全感，与其他玩家建立起友谊关系。"③然而，我们在研究中发现，因为游

---

① 斯蒂芬·李特约翰，凯伦·福斯.人类传播理论.史安斌，译.北京：清华大学出版社,2009年，第339页.
② 亚伯拉罕·马斯洛.动机与人格.许金声，等，译.北京：中国人民大学出版社，2007年，第26-27页.
③ 黄少华.互联网的社会意义以网络参与和网络游戏为例.杭州：浙江大学出版社，2015年，第148页.

戏类型、游戏动机、公会环境，以及玩家在公会中的时间等多种因素，青少年玩家对游戏正式组织的归属感呈现出减弱趋势，而源于现实关系的小团体的亲密程度则与日俱增。

归属感的形成

在《部族时代》（*The Time of the Tribes*）及其他论著中，法国学者米歇尔·马弗索利指出，"我们目前正在目睹各种基本的社群形式的复兴，抛弃了理性的、契约式的社会关系，而转向一种有感情融入的社交形式。在这种形式中重要的不是抽象的、理想的目标，而是由直接参与到社会群体中所带来的集体归属感"[1]。网络游戏中的玩家共同体可以被视为马弗索利所谓的部族，在这里，玩家没有现实社会中实质利益的冲突，他们在日常互动中结伴探索虚拟世界，交流游戏经验和技巧，在彼此陪伴中养成集体生活的习惯，进而逐渐产生团队归属感。

"团队归属感还是挺强的，一个人玩的时候跟一群人一起吹牛逼一起闹的时候感觉还是不一样的，毕竟大多数人玩游戏只是为了排解寂寞。不一定现实中每个人都能 24 小时陪着你做一些事情，人嘛，总是更希望能有所交际，不想自己一个人待着，大多数人都是这样子。一个人独处的时候就觉得玩游戏挺好，可以和团队一群人打发这种孤寂的时光。"（玩家 M15）

"我初中玩过 *DotA* 系列，那时候比较喜欢逛那种游戏攻略，见到有人评论，我看了那个评论就加进一个群，他们发现我玩得还是蛮厉害的，就把我拉公会里去了。他们性格特别好，非常开朗，也会开玩笑，玩游戏也特别厉害。我们公会在游戏里比较出名，素质特别好。游戏里有 5 打 5、3 打 3 两种模式，我们因为个人力量强，就组 3 打 3，所以排行榜 3V3 都是我们公会的人，那段时间非常辉煌。初二，初二最辉煌，公会全服第二。"（玩家 M10）

"有时候你正在那里跑着跑着，突然公会栏里跳出来一个成就，'你们公会成

---

[1]　Maffesoli, M.The Time of the Tribes: The Decline of Individualism in Mass Society. D.Smith(trans). London: Sage, 1996:89.

员完成了某一个成就'，然后你就会'哎呀，他们进度已经到这里了，他们怎么这个也能做到'，就觉得'啊，原来我们公会也有人这么厉害'，会觉得公会很厉害。"（玩家M12）

上述玩家的团队归属感来自两个方面。玩家M15出于情感陪伴和集体交往的目的加入游戏公会，并在与团队成员的长期互动中感受到团队归属感。一群人一起玩游戏一起互喷调侃的过程填补了青少年玩家大量空闲时光，带给他们休闲的欢愉。玩家M10和M12的团队归属感则不仅来自参与一个特定社会群体所感受到的安全与陪伴，更来自这个群体的强大所带来的荣耀与骄傲。以玩家M10为例，他自身游戏能力比较强，所加入的公会级别较高，公会排名全服务器第二。由于公会成员个人能力强、公会整体排名高，作为成员之一的玩家M10也相应发展出较强的归属感和自豪感，并能清晰划分出"我们"与"他们"的界限。"都是我们公会的人""全服第二""非常辉煌"，从他的描述中可以看出，初中时期加入的这个公会成为他游戏生涯中非常重要的一段经历，给他留下深刻且难以磨灭的印象。

另外，青少年玩家在和现实中的朋友一起玩游戏，尤其一起组建公会、战队等游戏共同体时，喜欢在游戏昵称上反映出自己的地域特征，寻求一种地方认同。地方认同指的是个人或群体与地方互动从而实现社会化的过程，通过这一过程个人与群体将自身定义为某个特定地方的一分子，地方成为自我的一个有机组成部分[①]。在这样的语境下，地方认同是根据特定地方的独特要素、人地互动的本质而发展出来的，成为团队归属感的一个显著标签。

"游戏ID是大吹、木卵（台州方言，说人傻、糊涂），就是当时和同学一起玩的时候取的统一的格式，都是方言里傻子的意思，这样一起玩的时候比较有气势，有点台州帮这种意思。"（玩家M13）

M13是高三学生，他所在的台州市是浙江省经济比较发达的地区，语言也具有明显的地域特色。Rowles认为，地方认同的一个重要特征就是个人或群体对于

---

① Stedman R. Toward a social psychology of place: Predicting behavior from place-based cognitions, attitude, and identity. Environment and Behavior. 2002,(34):561-581.

包括语言在内的地方环境的熟悉程度以及作为"局内人"的感知，^① M13 及其同学用台州方言作为自己的游戏昵称，不仅体现出一种团体归属，更重要的是传递出玩家对于所属地方的高度认同。同样来自地域认同度较高地方的玩家 M16 也作出了相同的选择。玩家 M16 是在外省上大学的深圳人，平时喜欢和高中同学一起玩游戏，他认为"和同学一起玩最好就是取同样的名字，大家一看就有一种归属感"，因此，"我们高中同学当时一起玩的时候就说大家想一个名字一起用，然后就大家投票啊，符号长什么样啊，几个字啊，什么类型啊，然后我们就取了一排吃的，我，红豆奶绿，其他人取了什么樱花果冻、蜂蜜杏仁，这样一些类似的名字。"（玩家 M16）

M16 和他的同学们的昵称都是典型的港式甜点名字，即使决定以食物作为统一命名的形式，他们的选择也透着浓厚的岭南地域特征，反映出玩家希望在虚拟世界呈现出现实自我的局部人格。

归属感的减弱

现代社会的人际关系是相互独立的个体，如同原子化的并存。网络社会崛起所带来的时空压缩在为个体带来自由和便利的同时，也导致了集体性情感的缺失。^②在游戏营造的虚拟世界中，由于游戏内容设计的丰富多彩，青少年玩家的行为更加自由和自主。多样化的玩法降低了玩家对游戏组织的需求，他们按照自己的喜好自由地行走于虚拟空间。我们发现，虽然 M10、M15 和 M2 都很享受公会生活，并对游戏公会产生了较强的归属感，但就整体情况而言，青少年玩家对于公会的热情并不高，甚至有日渐减弱的趋势。

"对公会有归属感的话，这个要看你在公会什么时期加入，如果你是在公会的创立阶段或成立时加入的话，然后一直和大家一起合作把它发展到很大的话，其

---

① Rowles G. D. Place and personal identity in old age: Observations from Appalachia. Journal of Environmental Psychology. 1983,(3):81−104.

② 张春玲. 资本逻辑与现代人的归属感. 南昌大学学报（人文社会科学版）. 2015,(1):69.

实是对公会有很大的归属感的；如果说你只是在公会已经很好的时候再加入进去，这个时候可能对公会并没有太大的归属感，只是说这是一个领资源的地方，因为公会提供很多福利啊，不加公会就无法获得的嘛。加公会，如果说是那种网上的公会，对于我来说，我加进去，可能就算诚心加了，也不太会有很大的归属感。如果这时候有朋友说，'我在哪个公会，你过来玩吧'，也行，我会直接过去，并不会有太多的留恋。除非这个公会是我自己建立的，或者在里面担任领导者有一段时间，可能会稍微有一点归属感的吧。"（玩家M17）

"我玩的是很休闲的公会，这方面的事比较少，平常大家就相互聊天吹捧，也不是那种服务器强要去抢首杀那种公会，相对来说这方面就比较少一点。我不是开荒成员，我是后来加进公会的，满本数据开荒我也几乎不参与的，所以团队荣誉感相对少点。我印象里就是看到有任务，我们去打一个普通难度的副本，打完后公会成就栏里会跳出一个成就，然后我看到就挺高兴的，然后也就过去了。"（玩家M14）

这一研究发现呼应了笔者参与的一项大型青少年网络游戏行为调查的结果。该调查采用李克特量表，从非常同意到很不同意五点尺度，测量青少年玩家对待网络游戏行为的态度。研究结果显示，仅有6.8%的青少年玩家对于"参加游戏中的团队让自己产生了归属感"的说法表示非常同意，12.6%表示有些同意，表示很不同意和不太同意的玩家占被调查总数的52.3%。也就是说，一半以上的青少年网络游戏玩家并不认为公会为自己带来了归属感。

团队归属感的减弱，很大程度上和玩家与公会的关系，以及玩家参加公会的时间有关。如果玩家是公会的创建者和管理者，或者玩家是在公会初创时期加入的，则会对公会倾注较多热情和心血，将自己视为公会的重要成员，产生较强烈的归属感。如果玩家只是公会的普通成员，并且没有参与公会的初期发展，那么玩家的归属感会明显降低，就像上述M17和M14描述的那样。

另一方面，归属感也受到游戏发展历程的影响。在角色扮演类游戏盛行的时期，公会生活是玩家行走虚拟世界时非常重要的一个环节，不仅游戏设置要求玩家加入公会，参加公会行动，而且公会这种新部族形式也给玩家带来新的社交吸引。Ducheneaut 和 Nicholas Yee 等是较早研究游戏公会的学者之一，他们 2006 年的一项研究发现，66% 的玩家会加入公会，在公会中构建重要关系，组成社交网络。[①]黄少华 2008 年的研究则表明，超过 50% 的青少年玩家承认自己从公会活动中得到归属感。[②]然而，在生活节奏加快和时间碎片化的时代背景下，随着 MOBA 与 FPS 游戏的日渐流行，需要花费大量时间的公会生活渐渐不再受到青少年玩家的青睐，他们对公会的情感也在不断削弱。

"我们这种游戏比较偏竞技，它不是一直升级，一直副本打怪那种。我们遇到的队友很难是重复的，就比如说这一把你玩得很好，他们可能会觉得你很厉害；你也会有打得很烂的时候，他们也会觉得你挺菜的。但他们都不会长时间关注你这个人，就相当于缘分遇到那种，遇到就几十分钟，散了就没了。"（玩家 M8）

"公会团要开荒新副本的话，如果自己团队全部负责出成果，那大概是要出 20 到 25 个人。这些人你要保证他们在同一个时间点同时上线，然后一直坚持到最后。尤其是《魔兽世界》这个游戏年纪也比较大了，参与的人可能有我这样的学生，还有三四十岁的大叔，已经工作的那些人，就很难凑一起。他们可能只有双休日有空，那我们双休日要出门，怎么可能跟你们一起？好不容易凑到一起开荒，确实是很困难也很烦琐的一件事。MOBA 类游戏的交互性、社交的元素比我们这个游戏差了很多，就基本上一起打，打完了就散掉了，今天可以跟你打，明天可以跟他打。时间选择上，MOBA 比 MMORPG 灵活多了。MMORPG 花时间比较多。"（玩家 M14）

再者，归属感与玩家个人兴趣及他们的游戏动机也有相当关系。按照 Nicholas Yee 的划分，玩家的游戏动机分为成就型、社交型和沉浸型三种，然而根据我们的访谈，青少年玩家还会基于休闲目的而玩游戏。休闲型玩家不是非常看重游戏

---

①　Nicolas Ducheneaut, Nicholas Yee, Eric Nickell, et al. "Alone Together?" Exploring the Social Dynamics of Massively Multiplayer Online Games. CHI 2006 Proceedings. Montréal, Québec, Canada, 2006:407–416.

②　黄少华. 网络空间的社会行为——青少年网络行为研究. 北京：人民出版社，2008 年，第 243 页.

的输赢成败，也不专注于经营虚拟社会的人际网络，他们玩游戏的主要目的只是享受选择的自由和行动的快感，享受游戏本身带来的乐趣。玩家 M3 和 F3 可以被归为休闲型玩家。M3 和 F3 都是重点大学学生，他们只是将游戏作为和电视、电影一样的休闲方式，并不追求游戏成绩和游戏里的人际关系。他们虽然也加入游戏公会，但不愿意对公会投入过多的时间和精力，因而对于公会几乎没有团队归属感。

"我加入这个帮大概就三个月吧，能搭的搭几句，有些活动我也是可以参加的。我是那类投入不太多的，就刷刷日常任务就可以了。我跟他们没有太多交集，因为彼此不在一个级别，我是属于中层的，他们属于高层的，在一起活动上也没有共同语言，所以结合不到一起。能说上话，但毕竟不是一个层面的，所以不是好朋友。游戏帮会如果你去管理的话，就变得很麻烦，因为你要组织成员一起来参加这个活动，如果你不管这个帮的话，这个帮就乱了。就我个人的想法来说，我是不会投入那么大的精力的，把这个当作一个任务，像作业一样，我是不会这样玩游戏的。"（玩家 M3）

"其实就我个人来说，如果不是系统强制性要求我加入公会，我不会加入任何公会。是游戏里面明确要求，必须完成某个主线任务，没办法，一定要加公会才能完成，一定要去完成。一般完成这个任务后，我基本上就不会太理公会里的消息，除非说有些它既定的任务，比如要给公会每天去打打怪，会帮他们去打打怪。类似于更高层次的，比如说要去组队打副本那种，就基本上不会参与。因为我觉得还挺有距离感的，我并不觉得能够在里面和他们一起配合去打怪，只能做点简单的辅助性的工作，而且我觉得不是很熟，大家都是陌生人。我在公会里不跟他们聊天，因为我加入的这种公会级别比较低，大家基本上都抱着同样的心态，因为系统排名靠前的这些工会都加不进去，只能是加下面这些公会，这个时候没办法。公会加进去后大家都一片死寂，没有人聊天，也不会展开任何话题。"（玩家F3）

玩家 M3 和 F3 都是比较理性的玩家，他们加入公会主要是因为游戏设置的要求，基于实用性目的而做出的行为。对于玩家对公会的态度，Dmitri Williams 和 Nicolas Ducheneaut 等人对《魔兽世界》公会的研究提供了一些数据：玩家出于社交或实用需求来加入公会，5% 的公会玩家认为游戏中的联系和真实社会中的友谊一样强，1/3 到 1/2 的玩家认为公会中结识的朋友介于现实熟人和陌生人之间，剩下 1/4 玩家并不认为公会成员身份重要，他们只是帮助公会完成任务而已。[1] M3 和 F3 都在这 1/4 玩家之列。实际上，已有研究发现，因为实用目的在网络游戏中参与团队合作，是玩家加入游戏团队的重要动机。[2]

在我们的研究中，不少青少年玩家都是出于玩游戏的实际需要而加入公会的，比如为了获得奖励（玩家 M9、M4），拓展游戏行为如升级、打战排、玩副本（玩家 F3、M12、M7），方便组队（玩家 M14、M6），等等。对于这些玩家而言，公会只是玩游戏的一个程序或渠道，并不是他们想要投身其中的一个集体。

此外，我们在研究中还发现，公会环境也会影响青少年玩家的团队归属感。玩家 F9 在玩《仙剑奇侠传》时加入了一个公会，进去后却发现公会环境与自己期望的不一样。她认为公会作为游戏组织，应该是主要为玩游戏服务的，而不应成为吐槽生活琐事的场所。公会一旦完全成为一个公共的社交平台，就丧失了其作为玩家共同体的功能和意义，无法使玩家从中得到归属感。

"有一个仙剑的公会群，不过和我想的不大一样，一开始屏蔽，后来就退了。我觉得这样的组织应该是以游戏为主的，但他们一天到晚说些乱七八糟的，脱离游戏本身。具体不是很清楚了，还是高中的时候加的，不是互相寒暄或者聊一些新闻，就是吐槽生活中的琐事居多。公会群，可以是攻略，可以是讨论游戏，可以是约一起玩的，这些应该为主，别的可以有，但是不应该构成主体。特别有些人谈吐很轻佻，整个公会环境也不好。"（玩家 F9）

---

[1] Dmitri Williams, Nicolas Ducheneaut, Li Xiong, et.al. From Tree House to Barracks The Social Life of Guilds in World of Warcraft. Game and Culture, 2006,1(4):338−361.

[2] Joël Billieux, M.V.Linden.Why do you play World of Warcraft? An in−depth exploration of self−reported motivations to play online and in−game behaviours in the virtual world of Azeroth. Computers in Human Behavior, 2013:103−109.

替代性归属感的产生

网络游戏内容的丰富和游戏玩法的多样化，降低了青少年玩家对加入正式游戏组织的渴望，加上游戏类型的发展和公会环境的变化，使玩家的团队归属感大大减弱。但是，如果青少年玩家是和他们的同学、朋友一起加入公会的，情况则有所不同，熟人之间组成的小团体比公会等正式组织具有更强凝聚力，团队归属感渐渐被小团体的亲密情感所替代。

"刚开始打的时候，因为男生玩游戏玩得比较好一点，就有班上同学会带一下。一般开黑（网络游戏用语，指在玩对战类游戏时可以语音或面对面交流，组成一队进行游戏的行为）的时候都是跟同学、朋友中打得比较好一点的一起玩，几个人就在同一个队里面，你打别的队的人的时候，如果受到伤害，他就过来救你或者帮你抢东西什么的。我打得比较菜，被他们骂，一般都是别人帮我。他们会带我一起玩，他们也会嫌弃我，但是下次还是会带我玩的，这就是体现友谊的时候。"（玩家F11）

"我和我同学经常组队一起玩的，一般就周末的时候，赢了很开心。就创了一个战队，会有荣誉感。有时候打得非常菜输掉的话，我们就会互相对骂，一般也会分析下战术，有些人坑的话会说他一下，然后下一次我们又和好如初，继续打。"（玩家M18）

"战队我们CS也有，这种就你加一下进去，反正就挂个名，它也没有什么东西，也没有什么硬性要求。有些经常打的战队就会有战队赛，我们现在这种没有，比较松散。挂个名的意义，我也不知道哎，因为我同学也在这里。"（玩家M19）

Schiano和Nardi针对美国、欧盟，以及中国香港和中国台湾2865名玩家的调查发现，网络游戏中互动频繁的玩家中大部分都是现实生活中的熟人，比如同学、朋友、家人和同事。[①]对于部分玩家而言，游戏是和即时通信、电子邮件一样的沟通工具，是现实互动在虚拟空间的延伸。一个线下群体可能会一起玩同一款游戏，

---

① Diane J. Schiano, Bonnie Nardi, et.al. The "Lonely Gamer" Revisited. Entertainment Computing. 2013,5(1), 65–70.

再共同转移到另一款游戏中。这时，网络游戏只是现实社交网络在虚拟空间延伸的一个新环境而已。

上述玩家的讲述表明了熟人"在一起"的重要性。玩家F11受班级同学的影响开始玩《王者荣耀》，不擅长玩游戏的她经常和同学一起组队开黑，并以此作为考验友谊的方式，从中获得人际交往方面的自我意识。虽然玩得很菜，F11依然会跟着朋友一起玩，接受小团体成员的帮助、责骂和嫌弃。此时，游戏结果已经不是最重要的事，小团体的亲密感情超越了游戏本身。玩家M18也是和同学结伴组队玩的，此时的游戏就仿佛是一份需要协同完成的作业一样，大家在合作与争吵中不断修改和推进这个作业，互相之间的友谊也随之慢慢发展。至于玩家M19，他甚至没有正式参加过公会活动，他加入公会的原因只是因为同学在里边，因为有"同在一个群体"的存在感和陪伴感。

第三节　延伸的情谊

米歇尔·马弗索利将立基于新媒体的全新的青年文化聚集方式定义为"新部族"，相比结构化、契约式、边界鲜明的亚文化群体，新部族是松散的、不断变化的、通常比较短暂的联盟，以"部族成员共同的生活方式和趣味"为中心，以情感而不是以对某种意识形态或信仰的拥护为纽带。[1]网络空间中的贴吧、论坛、微博，以及基于某种兴趣共性而建立的QQ群和微信群，都可以被视为这样的新部族。在这里，网民们以一种松散的方式将自己与有同样兴趣爱好的人联系在一起，实现情感共通的同时享受不受束缚的自由。作为网络游戏世界里新部族的主要表现形式，公会和小团体为青少年玩家提供了建立于长期互动基础之上的情感融入和情感支持，而随着日常交往的深入和持久，这种融入与支持甚至还可以延伸到现实生活中。

---

[1]　安迪·班尼特，基思·哈恩–哈里斯.亚文化之后：对于当代青年文化的批判研究.中国青年政治学院青年文化译介小组，译.北京：中国青年出版社，2012年，第103页.

　　"副本活动一般都是以'家族'为单位的，所以我以前管理公会的时候，会尽量帮大家都安排好一个家族。因为你一个人玩游戏，就跟玩单机游戏没什么区别，你会觉得这游戏没有什么意思，也就不玩了。然后如果跟这'家族'里5个人在一起的话，你会有感情的羁绊，有感情上的羁绊之后，慢慢的，你就会觉得这游戏有意思。而当你想离开的话，也会考虑到感情这方面。因为游戏这种东西，你可能每天花一两个小时在上面，如果你觉得每天花这一两个小时都不值的话，这游戏就不能再玩下去，而如果你有感情上的羁绊，你就会有心灵上的寄托，那这个游戏玩下去，你就会觉得很有意思。"（玩家 M15）

　　"《王者荣耀》里有加入战队，战队里有时候会跟不认识的人聊一下，会聊生活里的事，就是比如说遇到什么有趣的事就分享一下。战队里的人年龄参差不齐，有些甚至都有孩子了，各地的都有。生活里面的事我们也聊得起来，有时候不痛快的事也会在战队里倾诉一下，也会得到他们的安慰。《魔兽世界》里我也有加入公会，就是普通的那种底层人员，就是打打副本，有成员被别的公会追杀的去帮帮忙。跟公会里的人聊得也多，关系还好，现在不玩了，但有时候会进QQ群去看一下他们，还会跟他们聊聊。"（玩家 M6）

　　人是情感性的动物。身处于以感情为纽带的虚拟新部族，人们抛开身份和肉体的束缚，更充分地进行各种情感互动，分享彼此的共同爱好，倾诉不同的情感遭遇，寻求情感共享与支持。在游戏公会中，青少年玩家和其他公会成员一起组队练功，共同抵御敌人，完成公会任务，或与其他公会进行PK竞争。玩家们在团队行动的过程中目标一致、协同作战，拥有一种共同感和伙伴感，玩家的情绪还会互相感染，产生玩家M15所说的"感情上的羁绊"和"心灵上的寄托"。游戏之外，一些青少年玩家也会跟公会成员分享生活中的情绪，玩家M6会在战队里倾诉生活中不痛快的事，M20和《剑网3》公会里的成员虽然没有主动见面，但依然把彼此当作朋友，如果"旅游到了当地，会请客什么的"。

　　长期共同玩游戏的亲近感，加上现实生活的卷入，拉近了玩家之间的距离，使玩家可以从团队成员那里获得情感支持，不断重塑自我。这在玩家自发形成的小团体中表现更为明显。

"一个公会会有几十个人，最少得有 30 个人，多的话 200 个人都有的。这么多人不可能都有那种很好的关系，一般的话，一些固定的团，比如这边有 10 人团，我们每天都是固定的 10 个人或 15 个人一起活动，那么大概 10 ~ 20 人可能关系会好一点。一起玩得越久玩得越多的，可能就关系越好，转游戏的时候可能会一起转，这种一般都会加游戏外的联系方式。"（玩家 M17）

"我们虽然没有见过面，但通过线上交流这种方式，我们彼此的信息其实知道得差不多。我跟他们之间的交情其实是很深的，但我们互相都不鼓励线下见面，所以都没有见过。虽然没有直接到现实中去认识，但大家对彼此的生活不是一无所知的，互相间了解是蛮深的。我们感情都挺好的，当初还有 16 个人，现在只剩下 12 个人了，退了好几个人，可能是工作原因吧。还有几个人互相知根知底，知道爱好，也知道他在干什么。我们会互相倾诉不开心的事，把关键姓名隐去。彼此之间没有利益冲突，自己生活中有什么不开心的事，就一股脑像泼脏水一样泼到群里，有人出来安慰就安慰，没人安慰就当是在树洞里塞了点话，就当是往树洞里塞纸了，就是这样一种模式。喷完大家安慰你几句，出招也出招的，线上关系已经特别好的就跟你现实里的朋友一样会来嘲笑你。（玩家 M14）

玩家 M17 在谈到公会活动时指出，自己与公会里大部分成员关系都一般，但和公会里经常一起玩的十来个人之间关系比较密切，游戏之外都有联系。玩家 M14 有一个 QQ 群，里面是从贴吧发展起来的一群游戏好友，大家游戏爱好差不多，平时会一起玩游戏，也会交流生活中的各种琐事。这个小团体建立了三年多，目前还有 12 名成员。每天和小团体成员聊天互动，已经成为 M14 日常生活中的一个仪式性举动。

青少年心理学家指出，小团体一般包括 3 ~ 12 个成员，互相之间非常了解，经常在一起，并且形成一种稳定的社会群体关系。小团体成员喜欢一起从事一些活动，诸如打篮球、上网、玩游戏等，团体中每个成员都感觉到他们关系很好。[1]

---

① 杰弗里·阿内特.阿内特青少年心理学.段鑫星，等，译.北京：中国人民大学出版社，2009 年，第 177 页.

玩家 M14 的小团体都是偏休闲型的玩家，虽然互相之间没有见过面，但游戏内外的频繁互动让他们对于彼此的生活有一定程度的了解。大家对每个成员所在城市、职业或专业、大致年龄都比较清楚，甚至还知道生活中发生的一些具体事情比如和女朋友分手，毕业设计没有通过等。正如 Grabowski 等学者在研究中指出的那样，"玩家将自己的线下生活带入线上，或者相反地，将线上关系延伸至线下都会有利于玩家之间情感的建立和友谊关系的发展"[①]。由于不涉及现实利益，线上关系和线下生活的穿插连接，使玩家 M14 和他的小团体成员实际上已经形成了非常密切的情感共同体，互相之间会通过网络提供或接受情感支持，帮助自己应对现实困境。

"比较惊险的一次是群里有一个朋友，他是一名超市经理，那天上班开电瓶车被小轿车撞了，跟我们说在打铁钉正骨什么的，说嚎了半天。然后学康复、学医的那两个人就给他出主意，跟他说怎么样处理啊之类，索性就工伤休息了三个月，现在已经正常在上班了。他那天就在跟我们说，'我去，被撞飞起来的时候，感觉是不是要死了'什么的，说了很多，他回过神来已经在医院了，是那个轿车车主把他送过去的，也算是不幸中的大幸吧。后来他们超市老板给他算了工伤，上班路上吧，也不是他自己的责任。他事后才跟我们说，他当时觉得这群是不是要少一个人了。"（玩家 M14）

在虚拟空间中，青少年玩家以符号化身的形式出现，但"这并不意味着网络空间是虚假的或者是虚幻的，因为身体不在场不等于个人没有在场感"[②]。在昵称和化名的背后，是一个个有着真实情感的个体，他们将自己的喜怒哀乐带进游戏，也带进和游戏玩家的情感互动之中。正如上述访谈所显示的那样，玩家 M14 所在的小团体成员虽然素未谋面，但长期频繁的网络互动已经让大家形成了非常亲密的关系，因此当团体成员遇到事故时，其他人会热心地出主意，甚至提出专业

---

① Grabowski, A., Kruszewska, N. & Kosiński, R.A. Dynamic phenomena and human activity in an artificial society. Physical Review E. 2008,78(6):1−10.

② 黄少华，陈文江. 重塑自我的游戏：网络空间的人际交往. 兰州：兰州大学出版社,2002 年，第 107 页.

性的建议。即使这些建议最终可能并不具有可行性，这种情感支撑也能让玩家感觉到如同被现实朋友环抱般的温暖。这种互动有时还会从线上延伸到线下，玩家M14就曾给群里的青岛玩家寄过金华火腿。

"我去金华找同学，就顺口在群里说了一嘴：'我去金华，有人要带火腿吗？'我本来就是开玩笑的，结果他说他要啊，那我就很尴尬了，我开玩笑的呢。然后想了想，我说都说了，总不能吞回去吧，就给他寄了一个火腿。"（玩家M14）

当青岛玩家表示想要火腿时，M14虽然后悔自己随口而出的玩笑话，但还是付诸实践，并没有因为这只是个虚拟小团体而出尔反尔。相应的，青岛玩家也给予M14充分的信任，将自己的地址、姓名和手机号都告诉对方。2017年6月23日青岛平度市一化工厂发生爆炸时，玩家M14还在群里询问青岛玩家的安危。之后，当小团体里的玩家所在地发生灾难性事件时，其他团体成员都会及时询问，表达关切，"就是互相听到这种事，至少会关心一下"。

"今年6月还是7月的时候，山东青岛不是有地方爆炸嘛，我看了下正好是离他当时给我写的地址就两个街区的距离吧，然后我就在群里向他，'老哥你出来回个话'。他那几天正好在出差，我们刚开始还在开玩笑，后来怎么一天没说话，怎么两天没说话，就有点担心，是不是可以开始写回忆录，写挽联了。结果有一天他突然冒泡出来了，他说怎么了，我说你们那边爆炸了，他说'啥，我去内蒙古了'，我说'哎我去，吓死我了'。"（玩家M14）

鲍曼曾对共同体作出这样的描绘："共同体就像是一个家，可以遮风避雨，又像一个壁炉，在严寒的日子里可以暖和我们的手。……我们相互之间从来都不是陌生人。我们能够相互依靠对方，如果我们跌倒了，其他人会帮助我们重新站起来。……在共同体中，我们的责任是相互帮助，我们的权利是希望我们需要的帮助即将到来。"[①]在玩家M14的小团体中，我们感受到了鲍曼所描绘的这种温暖：有群内成员受伤，其他成员立即给出各种建议；M14随口一句玩笑话被当真，他立即信守诺言帮群友寄火腿；当群友所在地发生事故时，M14询问群友安危；当青岛

① 齐格蒙特·鲍曼.共同体.欧阳景根，译.南京：江苏人民出版社，2003年，第2—5页.

发生爆炸事故时，小团体成员同样对他的安危表现出关切。即使只是保持惯例式的礼节性问候，这种日常互动也能给予青少年玩家以温暖，促使他们付出和收获情感支撑，让"陌生人"成为熟悉的人。

第三章　五杀、团灭与gg：另一个世界的话语体系

随着网络的发展，语言文化在网络上传播迅速，促进了网络文化的发展，也带来了网络用语的应运而生。现在网络中广为流传的YYDS（永远的神）、U1S1（有一说一）、XSWL（笑死我了）等，已成为网民尤其年轻网民日常对话与表达的常用词汇。

不同的网络群体有着不同的网络用语。在游戏玩家群体中，也有相互沟通交流时使用的"行话"用语，玩家们使用这些内部语言进行着自在的表达。

第一节　游戏术语——日益大众化的专业称谓

为了准确又简单地表达游戏进程、游戏成绩和游戏操作，每款网络游戏都有一套自己的游戏术语简称，同类游戏的很多简称也相同。

玩过《英雄联盟》和《王者荣耀》，或者类似的MOBA游戏的玩家都对First Blood（第一滴血）耳熟能详。为了推掉敌方的防御塔，就需要对防御塔前的敌人进行攻击，同时敌方也会相应地进行反击，这样的战斗就会造成伤亡，游戏中第一个被伤害并导致生命值为零的玩家则被视为死亡，而击杀第一个被击杀者的玩家则会获得"第一滴血"成就，信息也会在所有玩家的屏幕中被播报，此时的战斗会逐渐变得紧张。有了"一血"必然会有其他击杀术语，例如Double Kill（双杀）、

Triple Kill（三杀）、Quadra Kill（四杀）以及最高击杀级别的 Penta Kill（五杀），这类击杀术语往往通过连续击败敌方英雄的方式对玩家进行播报。信息所要传达的不仅仅是信息本身，玩家在达到这些连杀的成就后便能更加具备游戏状态以应对接下来的游戏，同时也渲染出一种氛围。

下面是一些常见的专用术语：

一血，全称第一滴血（First Blood），即一方的英雄进行全场第一次击杀时在公屏出现的播报。

双杀（Double Kill），即一方的某个英雄在约 10 秒内连续击杀敌方两个英雄。

三杀（Triple Kill），即一方某个英雄连续击杀敌方三个英雄，并且间隔时间分别不超过 10 秒。

四杀（Quadra Kill），即一方某个英雄连续击杀敌方四个英雄，并且间隔时间分别不超过 10 秒。

五杀（Penta Kill），即一方某个英雄连续击杀敌方五个英雄，并且四杀后到击杀最后一人间隔约 30 秒，或在 30 秒内没有敌方英雄复活。

团灭（Aced），指一方将另一方的所有英雄全部击杀，且存在 5 人皆在死亡状态的时间段。

大杀特杀（Killing spree），指一方英雄连杀 3 人没死。

暴走（Rampage），指一方英雄连杀 4 人没死。

无人能挡（Unstopppedable），指一方英雄连杀 5 人没死。

主宰比赛（Dominating），指一方英雄连杀 6 人没死。

接近神了（Godlike），指一方英雄连杀 7 人没死。

超神（Legendary），指一方英雄连杀 8 人没死。

终结（Shut Down），指一方英雄击杀敌方某一个连杀 3 人以上的英雄，终结对手的英雄会获得额外赏金。

当这些系统内的语音播报响起时，玩家不仅可以及时了解战况，心中的激情也会被一点一点地点燃。玩家们一听到这些声音，就能感受到身为召唤师的价值，进而专注于三件事：杀人、推塔、赢比赛，完全沉浸在竞技的快乐中。

不同的MOBA游戏也许会有其不同的特色术语，而《英雄联盟》作为如今最受欢迎的游戏之一，其术语系统也更加完备和多样。这些游戏术语在外人看来似乎略显幼稚，但在无数玩家之间，这些各具特色的术语正是大家互相交流的最好方式，不需要什么复杂的文字叙述，只要看见或听见这些话，玩家相互之间就能了然于胸，心领神会。

随着游戏玩家的日益增多，这些术语如今甚至发展成为一种新的文化，慢慢渗透进我们的生活，很多不打游戏的人也渐渐了解了这些专业术语。在MOBA游戏占据游戏市场主流的时候，网络游戏《绝地求生》风靡一时，很重要的一个原因就是因为"吃鸡"这一术语的渗透。《绝地求生》作为一款STG游戏（Shooter game，射击游戏），与"吃鸡"本来是毫无关联。但是在游戏榜单第一名的位置会显示"大吉大利，今晚吃鸡"字样，使得"吃鸡"逐渐成为这个游戏的代称。后来随着这类游戏的增加，"吃鸡"又成为这一类游戏的代称，进而再随着广告、社交媒体等渠道被越来越多的人熟悉，一度成为玩游戏的代称。

传统媒体也注意到游戏术语的流行，开始有意识地在自己的传播内容中融入这些年轻人经常运用的语言。浙江省某地市广播电台播放的安全行车公益广告中就使用了MOBA游戏术语，用"第一滴血"到"五杀"和"团灭"，依次提醒骑电动车不戴头盔、横冲直撞、夹塞、不系安全带和酒驾等不断升级的危险行车举动。

第二节　玩家行话——复杂而多变的快捷交流

除了使用游戏自带的术语，玩家之间还会使用一系列"行话"进行日常交往，推动游戏进程。而这些"行话"及其含义，也在玩家的持续使用中不断变化，形成一套复杂而多变的快捷交流系统。

日常交际用语

玩家们有自己的日常交际语言。在《星际争霸2》中，玩家对话最常用到的两句话是"gl hf"和"gg"。

"gl hf"是"Good luck！ Have fun！"的首字母缩写，即祝你玩得开心的意思，也可以写作"glhf"。在对局开始前，一方可能会向对方发出"glhf"，这不仅是尊重对手的意思，也包含着对自己的心理暗示，使自己放松，享受游戏。作为一句简单的问候语，"gl hf"这个词也出现在其他很多游戏里，如与《星际争霸》同类型的《魔兽争霸》，以及不同类型的射击类游戏《CS：GO》等。

在游戏结束前，劣势一方的《星际争霸2》玩家常常会发一句"gg"，发起投降，结束游戏。"gg"即good game的缩写，用于表示认输，同时也表达了对对手的尊重。在暴雪公司的另一款游戏《炉石传说》中也有类似的习惯，玩家常常在投降前会发一句"打得不错"。在后来的游戏过程中，"gg"也会被极少数占据优势地位的玩家用于嘲讽对方。他们用"gg"来宣告对方的失败，在打出"gg"后一举消灭对方获得胜利。

游戏操作称谓

玩家对一些游戏操作也有自己的专属称谓。

以"Buff"一词为例，这个词原本有爱好者、浅黄褐色、健美、肌肉发达等意思，而在游戏中衍生出了"增益"的含义，意为角色所拥有的增益型技能或是给其他角色带来增强的效果。《英雄联盟》中纳什男爵（Baron Nashor）被音译为"大龙"，击杀纳什男爵后会获得一个增加40法伤、40攻击力，每秒恢复3%最大生命值和1%最大法力值，持续4分钟的增益效果。玩家将这个效果称为"大龙Buff"。除此以外，《英雄联盟》还有"红buff""蓝buff""小龙buff"等多种类似称谓。而《王者荣耀》等后来出现的类似MOBA游戏也沿袭了这些游戏术语。

再比如"抢人头"一词。游戏过程中玩家都希望自己有好看的战绩，不可能将击杀的机会全部送给队友让队友拿"五杀"，于是就产生了KS行为。KS是Kill Steal的简称，又称"抢人头"，指专门对敌方英雄造成最后一下伤害获得金钱和杀人数，而实际上对这个英雄的多数伤害是由队友造成的。玩家间常称呼此为"抢人头""抢头""K"。

以《英雄联盟》为例，游戏中玩家之间交流用到的术语主要有以下一些。

Gank：即抓人，指其他路的英雄来到自己的分路进行配合，对敌方英雄造成击杀或逼出召唤师技能，则为gank成功。

Poke：即消耗，指利用英雄远程技能对敌方英雄进行血量上的消耗，使其未进行打团血量就已不健康，一般poke阵容不追求打团，尽量避战，或者让对手失去开团机会。

TP：指传送，即英雄携带召唤师技能传送时，玩家将传送简称为tp，该术语适用于所有游戏。

Gap：即差距，当双方某一位置能力差距过大，一方的玩家会在全部人聊天中打出如AD gap这样的话语。

Solobolo：即单人路在对线时一方对另一方的英雄进行了单杀，击杀方有时会对被击杀方打出solobolo。

行为评价与情感发泄用语

玩家会用一些特定词语来评价自身或其他玩家的游戏水平和运气，发泄情绪，比如与"超神"相对的"超鬼"以及"欧皇"等。

在游戏系统的术语中，"超神"是指在一场对局中连续击杀对方英雄7个以上（一般是8个）。游戏中并未有"超鬼"一词，这个词是玩家按照"超神"的反义词创造出来的词语，指的是被击杀许多次且击杀敌人次数较少甚至没有。因为"超鬼"是玩家创造的词，并没有对被击杀次数做明确的规定，因此，玩家有时候也用"超鬼"来形容别人或自己在战斗中的战绩较差。

现在的网络游戏，无论是手机游戏还是电脑游戏，都含有抽奖或类似抽奖的机制，如《王者荣耀》中的"积分夺宝"，《原神》中的"祈愿"，《和平精英》中的"军需"等。花较少代价就抽到了自己想要的东西的玩家，通常会自称为"欧皇"或"欧洲人"，有时也会称自己为"欧"或"脸白"。"欧皇"来源于《舰队少女collection》《战舰少女r》等网络游戏，用于指代运气极好的玩家。相反，花了较大代价才抽到自己想要的或者没有抽到自己想要的东西、运气不佳的玩家被称为"非酋"或"非洲人"，抑或使用与"欧""脸白"相对的"非""脸黑"的用法。而原来运气差的"非酋"玩家突然运气好了，会被称为"脱非入欧"。反之，也有"脱欧入非"的说法。

很多网络游戏竞技性较强，存在胜负输赢的结局，因而也诞生了一些专门评价其他玩家游戏行为和游戏水平的用语。最典型的可能要算"小学生"和"演员"。

"小学生"这个词诞生于《英雄联盟》。这里的"小学生"并不一定是指真正的小学学生，更多是对于一些坑队友行为的攻击。由于《英雄联盟》游戏入门比较简单，小学生都能操作，因此很多小学生接触的第一款MOBA类游戏就是《英雄联盟》。小学生心智尚未发育完全，在玩《英雄联盟》时常常缺乏游戏意识，以自己为中心，缺少团队合作。这引起了许多《英雄联盟》玩家对于小学生玩家的不满。之后，《英雄联盟》玩家就将这类缺少团队意识、缺少素质的游戏玩家称为"小学生"。

"演员"多发生在高分段位排位赛中，原本指在游戏对战中配合对方玩家，故意出错使对方获胜的玩家。在这种情况下，玩家之间往往因为某种利益关系提前串通，分别进入对战双方一起排位。进入游戏后，"演员"故意操作失误，比如出门不带装备，上线抢人头或者直接去对方防御塔送死等，以此帮助对方获胜。后来，"演员"逐渐演变成玩家对操作失误较多、经常抢头和送头、中途挂机的队友的专门称呼。"演员"一方的玩家因为输了比赛，有时也会在聊天框内发"XX，一把多少钱啊"等话来攻击队友是"演员"。但是这些术语常常给新人带来不好的体验。对于刚上手游戏的新人来说，操作失误、意外"抢人头"等情况经常发生，并非一定是故意所致，所以对于这类攻击性术语应该谨慎使用。

第三部分

玩之乐趣：关于"我是谁"的全新体验

　　玩游戏的乐趣，不仅仅在于可以扮演一个天马行空的角色，更在于我们可以利用这个角色完成"我是谁"的全新体验。玩家在游戏中可以出于不同理由进行跨性别扮演，操纵角色体验异性视角以及由此带来的人际交往和游戏玩法的变化，也可以和其他玩家结成闺蜜、情侣、夫妻等各种亲密关系，以自己的方式理解亲密关系内涵。经由游戏角色的呈现，玩家在互动中可以获得不同层次的成就感，也亲身感受到权力带来的快乐。这些成就感与权力实践虽然发生在虚拟世界，对于玩家来说却是真真切切的存在。

第一章　安能辨我是雌雄：游戏中的性别转换与性别意识

人类学家马塞尔·莫斯指出，"人"（persona）的观念，在罗马文化里，最初是指人们在公共仪式上戴的面具，并且面具的使用并不仅限于古罗马，而是在各个部落社会中，被普遍用来在仪式上标示不同的角色或地位的。[①]在网络游戏中，游戏角色就是玩家进入游戏领域时所使用的面具，玩家用它来掩盖自己的性别、年龄、外貌、身份等真实信息，并将新的能指意义赋予角色符号，通过角色的形象和行为来重新构建一个全新的"个体"。一方面，这个全新的个体不仅在形象上能够完全颠覆玩家的现实自我，让长相普通的女孩摇身一变成为天生丽质的美女，让身材矮小的男性瞬间变得高大伟岸，而且还赋予玩家充分的性别建构自由，允许玩家改变自己的性别属性，在游戏中成为对立性别或没有明显性别属性的角色。另一方面，这个全新的个体也并非真的全新，玩家虽然能够在游戏中扮演另一种性别，但其自带的性别意识依然会在游戏行为中非常明显地体现出来。

[①]　Marcel Mauss. A category of the human mind:the notion of person:the notion of self, in M.Carrithers, S.Collins and S.Lukes (eds.). The Category of the Person:Anthropology, Philosophy, History. Cambridge: Cambridge University Press, 1985:1−25.

第一节　在游戏中跨性别

性别是人类与生俱来的重要特征之一。它既是一种生物属性，又是一种可以通过主观建构呈现的社会属性。[①]我们通常把前者称为生物性别（sex），把后者称为社会性别（gender）。长期以来，传统心理学将社会性别看作内在的、持久稳固的、与个人的社会历史政治情境分离的特质，认为性别差异是男性和女性的内在本质。社会建构论者从女性主义心理学角度出发，对此观点提出批判性质疑，认为社会性别是社会建构的产物，社会性别化的行为不是由生理性别而是由个体的社会地位所塑造的。[②]在现实生活中，人们对于女性和男性的界定依靠的是与文化相关的社会印象。人们倾向于以固化的穿着、行为和交往模式来规范自己的行为，以促使他人对自己产生正确的性别认知。正如朱迪斯·巴特勒所认为的那样，生理性别并不先于社会性别而存在，性别认同的意识是通过重复的表演，或对人们所在的文化中社会性别的规则和习俗的不断引用而生产和再生产出来的。[③]因此，相较于身高、外貌、肤色等其他身体形象特征，性别享有更大的建构性意义和建构空间。

在虚拟的网络游戏世界中，玩家对游戏角色的性别选择享有充分自由，性别转换行为也就成为玩家发展性别意识，探索和体验异性性别的又一个场域。

李英明在审视人们在网络空间的行为时指出，在网际网络中，人以匿名的方式行走，固然可能会造成欺骗或导致别人的幻想或种种跨越现实的想象，但从另一个角度来看，这可能显示，当人可以越过身体、时空等更有形的限制时，人是可以呈现多元生命发展的，并不一定局限在透过固定时空规定的特定人群所加诸人身体和人格的规定来过生活。[④]在现实世界中，我们如果想要体验另外一种性别，以跨性别的装扮、样貌或是姿态呈现，例如身穿异性风格的服装，改变妆容、声

---

① Udry, R. Biological Limits of Gender Construction. American Sociological Review,2000:65.

② 郭爱妹. 社会性别：从本质论到社会建构论. 南京师大学报（社会科学版）. 2003,(1):87-88.

③ 李银河. 西方性学名著提要. 南昌：江西人民出版社，2002 年，第 526 页.

④ 李英明. 网路社会学. 新北：扬智文化事业股份有限公司，2000 年，第 63 页.

音、仪态，甚至成为变性人，等等，通常会受到来自父母、师长或朋辈的激烈反对甚至规训和惩罚，至少也会遭遇陌生人的异样眼光，男性会被冠以"娘炮""伪娘"，女性会被冠以"女汉子""中性"等实质上带有一定贬义的称谓。然而在游戏提供的虚拟世界里，借助角色符号的遮蔽，玩家可以实现自己对性别的幻想和追求，自由选择游戏角色的性别，进行跨性别扮演，从而获得全新的性别体验。

何为网络游戏中的性别转换

性别转换（gender switching/gender swapping/gender crossing/gender bending）也被称为跨性别，即在网络或线上游戏世界中，挑战或跨越原有性别角色，将自己性别角色部分或全部进行反转，这一转换过程可以从女到男，也可以从男到女。[①]网络游戏中的性别转换也就是跨性别扮演，是性别转换在游戏中的具体体现方式，即男性玩家在网络游戏中操作女性游戏角色，女性玩家操作男性游戏角色。在我们的访谈中，玩家把这种游戏中的性别转换通俗地称为男生玩女号、女生玩男号。很多玩家会注册与自己真实性别不同的账号，将真实性别的一部分或者是全部进行性别转换，这种转换的过程可以是从真实的男性到虚拟的女性，也可以是从真实的女性到虚拟的男性。而这种现象在角色扮演类（RPG，Role-playing game）游戏中尤为明显。

角色扮演中的性别转换是一个相当普遍的现象。Griffiths曾连续数年对角色扮演类游戏中的性别转换展开研究，发现这一现象在玩家中相对普遍：2003年只有15.5%的受访玩家承认进行过性别转换，2004年这一比例迅速上升到60%，2008年的研究中也有57%的玩家扮演过异性角色。虽然每次研究的受访对象及其所玩的网络游戏有所不同，但基本上可以表明性别转换现象在网络游戏玩家中的受欢迎程度。

---

① 李紫茵，王嵩音. 线上游戏性别转换行为分析. 传播与社会学刊，2011,(18):49.

性别转换的表现

进行性别转换的玩家在游戏中的主要表现就是操纵与自己性别不一样的异性角色，"变性"展开双面人生，按照游戏对该角色的要求和设置来推进游戏进程。

有的玩家会表现得比较彻底，在对外显示的个人资料中就将性别填写成与现实相反的情况。有的玩家则按照自己的性别创建游戏账号，只是在进入游戏后选择扮演异性角色。在前一种情况中，男性玩家创建的女性账号被称为"人妖号"。为了更真实地经营这个女性账号，他们会将头像和ID设置得偏甜美，更贴近大众印象中女生会设置的样式。而女性玩家如果想要操纵男性角色，有的也会将头像设置得比较中性或帅气。

在跨性别扮演情境下，有的玩家会在交往互动中澄清自己的真实性别，期待着对方露出错愕的表情，而更多玩家则会追求真实的角色扮演，模仿所操纵的异性角色的行为，甚至会有男性模仿女生，用小妹妹的语气向大佬寻求帮助。女生可能也会模仿男性的强硬，在虚幻世界中以男性的举动与其他玩家称兄道弟，隐瞒真实的自我，体验不一样的交流方式。

性别转换的原因

玩家在角色扮演时进行性别转换的原因有很多。Suler将男性玩家扮演女性游戏角色的原因归纳为以下6种：

1.摆脱既有的性别刻板印象，释放自身较为女性的一面；

2.享受被注目的感觉；

3.更好地了解女性；

4.获得帮助或免费装备等实际利益；

5.寻求虚拟性爱；

6.性别意识不清晰时的举动。[①]

---

① Suler, J. Do Boys Just Wanna Have Fun? Gender-Switching in Cyberspace. http://www.rider.edu/users/suler/psycyber/genderswap.html, 2017-11-17.

而女性扮演男性角色的目的主要出于：

1.了解其他女性如何与男性互动；

2.成为一个英雄人物；

3.更有领导性；

4.体验现实中不能拥有的权力。

Antunes、O'Brien和Griffiths等学者对此也进行了各自的阐释，发现挣脱生理性别的枷锁，创造一个真正属于自己的性别角色，避免性骚扰等都可能成为男女玩家转换性别的动机。

玩家在进行异性角色的扮演时，总能够获得同性角色所不能带来的快感，带来另一种别样体验。根据日本网站MyNavi对大学生的调查，男性玩家选择女性角色，主要出于角色的观赏性，以及为角色装备升级的动力。还有一个有趣的点是看到可爱的角色打败敌人会更有满足感。而女性玩家选择男性角色则是因为觉得男性角色更强，使用的特技很帅。[1]

我们的研究发现，一半以上的受访玩家在网络游戏中进行过性别转换，并且绝大部分玩家对于游戏里的性别转换都持赞同或认可的态度。他们转换的主要原因包括想要全方位地体验游戏、对角色形象的要求，以及出于角色扮演效果的实际考虑，等等几个方面。这一结果与Suler等人的研究发现有较大差异，但与李紫茵、王嵩音的研究结果部分一致。

他们调查了800名有性别转换经验的玩家，问卷结果显示，异性外貌、探索尝鲜、人际互动是男女玩家选择进行性别转换的主要原因，其中异性角色的外貌对性别转换行为预测性最大，其次是探索尝鲜。[2]在我们的研究中，受异性角色形象吸引和探索尝鲜依然是导致玩家性别转换的最主要原因。

---

① 　快科技.游戏角色性别选择调查：日女玩家有点意思. https://news.zol.com.cn/571/5715954.html,
　　2021-09-03.
② 　李紫茵，王嵩音.线上游戏性别转换行为分析.传播与社会学刊. 2011,(18):60-61.

来自异性形象的吸引

美国社会学大师塔尔科特·帕森斯（Talcott Parsons）在研究美国中产阶级青少年时发现，无论男孩还是女孩，都对自己的外在形象格外关注，男孩尤其注重展现自己作"酷哥"（swell guy）的健美形体，女孩尤其关注自己能否被称为"美眉"（glamor girl）。[①] 在网络游戏的性别转换行为中，异性角色的外貌和穿着同样吸引着游戏玩家。在很多游戏中，女性角色的形象、服饰、动作等都要比男性角色更好看，男性角色几乎都简简单单。如果相比之下，游戏中与自己性别相同的角色的外观形象不如另一性别时，玩家会倾向于去选择异性性别角色。尤其是在第三人称的视角下，角色形象更为重要。而如果一个异性角色符合玩家的审美感受，玩家就会产生想和这个角色更亲近的期望。

如果说玩家在现实生活中要表现出对异性装扮的喜爱还有诸多顾虑的话，网络的虚拟性和网络游戏中符号的多元化，则帮助他们挣脱从身体到心理的一切束缚，顺从审美冲动，创造出符合自己审美需求的角色形象。帅气、衣服好看、舒服顺眼这些都成为网络游戏玩家选择异性角色的理由。

"我在《弹弹堂》是一个女的，男的衣服太丑了，而且它男女是没有区别的，只是角色形象而已。"（玩家M10）

"我在《QQ飞车》里的角色就是女孩子，看着舒服啊，为什么我玩游戏我还要看着一个男角色在那里蹦，肯定是打扮得自己看着就舒服的。早期我玩的是男性角色，后来突然发现我为什么要用个男性角色，看着又不舒服是不是？后来就换了个女性角色。这也不是我想当女的，一个女的站在那里总比一个男的站在那里舒服是不是？这就跟一个男的用各种美女当壁纸而不是用一个帅哥当壁纸同一个道理。"（玩家M9）

"而且我觉得很有趣的是，我个人在游戏里有些时候甚至会尝试下男性的角色，因为我觉得男性的角色看上去更加帅气一些，更加有力一些，游戏中有很多

---

① Parsons, T. Age and Sex in the Social Structure of the United States, in T. Parsons ed. Essays in Sociological Theory. New York: Free Press, 1954:91.

这种角色的互换。我个人倾向比较中性的，对，比较中性的角色。"（玩家F3）

部分玩家还会考虑游戏角色的职业或装备与哪种性别搭配更好看。比如玩家F12在扮演刺客时往往选择男性，"因为男的刺客特别帅气"；而玩家M21平时喜欢扮演女角是因为"女性角色时装比较多一点、好看点，但也要看是什么角色配什么武器，如果是拿弓箭，就女角比较好看，拿刀还是男的好看点"。

希望体验另一种性别

2020年公测的开放世界冒险游戏《原神》在关于开局选妹妹还是选哥哥的问题上曾经掀起过一阵波澜。妹妹人设可爱，哥哥帅气而且跑得比较快，但是选妹妹意味着哥哥被封印，反之则是妹妹遭难。虽然剧情内容完全一致，但是不同的人物选择必然会对代入感造成截然不同的影响。

一位玩家在谈到自己的角色选择时提到：

"我在创建账号的时候也是经历了一番挣扎，但无奈于妹妹的可爱，最终还是决定选择异性的妹妹形象。当然，一开始的代入感的确少了很多，毕竟是以女性视角进行冒险，许多的剧情对话选择也偏向女生调皮可爱的特质，不过我并不后悔，相反非常沉醉其中。因为我所操纵的主角本身就很好看，为她升级强化的动力自不用说，除了打败敌人的美妙姿态外，我还享受着独自一人在提瓦特大陆遨游，欣赏美景的悠闲自得的快乐，就像一位虽经万般旅途，仍怀揣着对万千世界的好奇与未来的期盼的少女。在以妹妹视角进行旅途的过程中，我也逐渐代入了角色，体会到了妹妹对哥哥的思念，以及旅途中与善良的角色们相遇的羁绊。其中的美好，我也稍微领略了，放松了心情，消除了现实生活中积累的疲惫，我觉得网络游戏中的性别转换不只是一种异性体验，更是以一种不同的视角来体验剧情，体验生活，积攒对未来的希望。虽然游戏后期开放了与其他角色的邀约事件，和其他女性角色约会的时候以妹妹的视角代入总感觉怪怪的，缺少了作为男生对男女情爱期盼的体验。"（玩家M22）

知乎上有网友提出如下观点：玩RPG有两种心态，一种是演自己的故事，一种是看别人的故事。喜欢追求代入感的玩家更愿意遵从自己的性别进行选择，而将游戏当作虚拟演绎的玩家则会以读故事或看电影的心态来选择更想了解的人物，包括用异性人物进行探索。因为在现实生活中，我们总是会显得拘谨，隐藏起真实的自我，对于异性又心怀好奇与美好的期待。而游戏则为玩家提供了具有隐蔽性和自由度的虚拟世界，吸引玩家尝试成为异性角色，融入奇幻世界，允许玩家以自己希望的方式去释放内心欲望。显然，上述玩家 M22 和下面两位玩家 F2、M12 正是抱着探索欣赏的心态，以异性形象进入游戏世界，享受游戏带来的新的性别体验的。

"都是女性的，可能会在创建多个号的时候选一个选男性的，主要是想多方位体验一下这个游戏。"（玩家 F2）

"就是觉得一直玩一个性别的角色也挺无聊的，就会换个性别去玩一下。其实也没有什么特别的目的，就是觉得挺好玩的才去换一个。"（玩家 M12）

马克·波斯特在谈到电子书写对人的冲击时指出，互联网引入了对身份进行游戏的种种新可能，消除了性别线索，使交流非性别化（degendered）。人们在互联网上使用假名或代称，隐藏自己的性别、种族等真实属性，强化的是游戏的、想象的多重自我，而不是自律理性的稳定个体。[1]网络游戏无疑比电子书写更增强了这种强化，玩家将个体的真实欲望和想法隐藏在角色符号背后，通过为虚拟角色赋予新的名字和形象，生产出一个新的性别空间，并在其间借助角色行动实现自己对异性的想象与渴望。玩家们在现实生活中无法体验另外一个性别，在网络游戏中则可以尽情探索身为异性的心理状态以及随之而来发生的交往关系的改变。跨性别扮演很大程度上满足了玩家对异性的幻想，帮助他们释放支配的欲望。

展现性格中被隐藏的那一面

在现实生活中要跨越性别的界限可能要付出很大的代价，而网络游戏给予了玩家选择游戏角色性别的特权，玩家可以从中体验不同的身份认同。无论是男性

---

① 马克·波斯特. 第二媒介时代. 范静哗，译. 南京：南京大学出版社，2000 年，第 99–100 页.

玩家还是女性玩家，在虚拟的网络游戏世界中，玩家们可以随意地表现出内心的自己，展现出平时被遮蔽的那些特征。

在现实中也许是乖巧可爱的女生，在游戏中也可能会选择与自己形象大相径庭的角色，比如满脸胡渣的糙大汉、冷酷无情的杀手等。这些男性角色能够激发女性玩家内心的雄性荷尔蒙激素，满足女性玩家好战的心理。在现实生活中越被束缚，在网络游戏中就越勇猛，打破所谓的常规，在游戏中发泄自己的欲望，享受征服的快感。

对于理想另一半的期望

很多玩家并不会将角色当作自己，而是自己喜欢的人。比如玩《剑灵》这类游戏时，有的男性玩家会将女性角色当成自己的女朋友，有人则会将女性角色当成自己的女儿来养，给女性角色穿上好看的衣服鞋子，换上好看的发型等。和男性玩家一样，女性玩家在选择异性角色时也会考虑到自己的内心欲望，扮演那些符合心目中男神形象的身材好的英雄人物、性格冷酷的杀手，将所扮演的游戏角色当成自己的男朋友或者儿子来对待。

部分网络游戏玩家跨性别所扮演的异性角色代表着他们对异性的理想期待，玩家F3就坦承自己是出于对未来男朋友的期望而扮演男性角色。

"这个可能与个人兴趣有关系吧，向往这种性格，或是个人理想中的形象。就比如说我可能想找一个白衣飘飘、道骨仙风的男性角色，这可能跟我现实当中比较喜欢那种安静、淡漠一些的男性也有关系，我觉得可能这就是一种对应关系。另外，在男性玩家身上显得更明显，就是很喜欢萝莉啊，于是就扮演那种可爱的角色；喜欢御姐，就喜欢扮演那种比较妩媚一些的女性角色。"（玩家F3）

前面我们已经分析到，网络游戏玩家在选择角色时会将理想自我投射于角色身上，将自己无法实现或暂时不能达到的要求以符号的形式在角色身上予以呈现，例如在角色形象、职业或性格上弥补自己现实中的不足。这种对梦想的期冀同样反映在玩家的跨性别扮演中。F3在现实中还没有男朋友，她把自己对未来另一半的要求投射于符号化的游戏角色，将"安静""淡漠"的人格魅力等同于游戏角色的"白衣飘飘"和"仙风道骨"，游戏屏幕上白色、飘逸的服饰承载了她对于男性安静温和性格的想象。通过性别转换扮演自己心仪的男性形象，并伴随对这一角色符号的自由支配，玩家 F3 感受到一种真切的拥有感，从"虚幻的身份"中获得满足，仿佛身边确实存在着这样一位随时可以与自己对话沟通的男性伴侣。

源于个体人际交往习惯

当然，玩家个体特征也会影响到他们选择进行性别转换。玩家 F4 在谈到为何会进行跨性别角色扮演时，这样解释自己的动机：

"还有个视角的问题，女性角色一般偏矮，男性角色一般偏高，有的游戏会把这点做得比较夸大。如果你一直是在比较高或比较矮的视角看世界的话，看到的世界也一直都是不一样的。比如说我一直都是很高个子的，我一直都是低头看别人的，突然让我仰着头看别人，我还真不太习惯。"（玩家 F4）

Nick Yee 等人在研究游戏虚拟环境中的非语言沟通时，对互动玩家的性别结构、互动地点、距离远近、交流次数、对视次数等进行方差分析，发现虚拟世界的互动同样遵守现实社会中的互动规则和习惯，比如相对于两个女性角色或男女角色，两个男性角色之间站得更远、对视更少。[1]玩家 F4 的情况呼应了 Yee 等人的研究结果。F4 是职业高中二年级学生，按照同性别同龄人的标准来看，她的个头略偏高，加上平时基本上是与女性同学、朋友交往的，养成了她低头看别人的习惯。网络游戏中女性角色的仰视视线让她很不习惯，这成为她选择男性角色的原因。

出于游戏花费的考虑

范国光等人在研究《魔兽世界》玩家的角色扮演时发现，大部分玩家是先选择

---

[1] Nicolas Yee, Jeremy N. Bailenson, et al. The Unbearable Likeness of Being Digital: The Persistence of Nonverbal Social Norms in Online Virtual Environments. CyberPsychology & Behavior, 2007,10(1):115-121.

想要投入的职业，再以种族特长去搭配职业，最后根据种族外形来选择角色的性别。[①]这说明，玩家在角色性别的选择上并非单纯地凭一己之好，而是要综合考虑多种因素。青少年网络游戏玩家在进行性别转换时也出现了类似的基于实际利益的多种考虑。

"当初选择这个角色主要是因为她在游戏里花费比较少，她的养成比较'经济'，所以一开始就选择她。那种很大众的游戏，这种角色不会被当作主力，就跑龙套的那种感觉。女性角色比男性角色更经济，花的钱更少。这种游戏都是男性玩家占大多数，大都会选跟自己性别相同的帅气的形象出现，所以男性角色的盈利市场就比较大。女性角色的装备需求比较小，所以就比较便宜。"（玩家M3）

玩家M3是我们的研究中比较特别的一位。他在游戏《神武》里扮演的是一个女性角色，但是他进行性别转换的原因不是出于对异性角色的好奇，或者出于审美目的，而是因为女性角色花费比较少，玩起来比较经济，并且不需要承担太多责任。这与他追求休闲的游戏动机和现实中比较冷静、客观的性格特点相吻合，是个人认同在虚拟世界的一种延续。

出于实战的需要

随着网络游戏类型的发展，不同类型游戏的玩家，在性别转换方面也表现出不同的动机。在MMORPG游戏中，角色成长是一个漫长的过程，需要玩家投入较多的时间和精力，甚至金钱，才能使角色等级与装备得到提升，也才能让玩家享受到更多的游戏玩法。因此，玩家们在选择角色性别时普遍会比较慎重，会考虑到角色形象和游戏体验。而MOBA游戏和FPS游戏都属于即时战略类网络游戏，重要的是角色的攻击能力，而不是角色成长和游戏剧情，这就使得玩家在性别转换时比较随意，他们进行跨性别扮演的频率也更高。

"游戏有设定问题，女的比较瘦一点，男的比较肥一点，女的不容易被打中，

---

① 范国光，黄彦萍，张豫武. 虚与实性别化身研究：以魔兽世界探讨为基础.文化创意产业研究学报. 2012,(4):371–382.

所以还是要选女的角色，我都是用女角色玩，就是看着正常点的女的，为了更好的游戏体验。外观方面毕竟它是游戏，我们不会太考虑。"（玩家M19）

通常来说，女性角色身形较小，玩射击游戏时在抗击能力相同的情况下，女性角色相对于男性角色来说更不容易被射中。玩家M19基本上都玩第一人称射击游戏，他为了提高游戏的成功率而选择身形苗条、不容易被打中的女性角色，至于角色的性别和形象则不在他的考虑范围以内。

在第三人称游戏中，女性角色能使玩家的视野更加开阔。比如《QQ飞车》中曾经有一辆C级车——飞碟，在高段位玩家中很流行，很多玩家在玩复杂的弯道时都爱用。虽然它的平跑能力不如B级、A级车，但是飘逸过弯出弯速度可以说是整个游戏的TOP 1。这辆车不同于其他车，外形像飞碟，整辆车悬浮在空中，而角色坐在飞碟上驾驶。如果是男性角色坐在上面，视野会受限，在高速行驶的赛车游戏中很容易看错路或者出现视线盲区，导致碰撞失误。而女性角色相对较矮，视野范围大，更容易驾驶车辆。因而男性玩家如果想玩这个游戏，选择女性角色更容易获胜。

和M19一样因为游戏角色的特性符合自己角色扮演的需求而选择性别转换的玩家不在少数，玩家M13、M18、F13、F14等都表示跨性别扮演时没有过多意识到角色性别，而只是出于角色能力和操作方面的考虑。玩家M18在《王者荣耀》里经常扮演孙尚香，因为"孙尚香她的机动性很强，打团战的时候爆发力很高，所以我就选她了"。玩家F13和F14则表示"我玩角色，性别无所谓的，哪个强就玩哪个。经常玩的是法师、打野（露娜、赵云、猴子），他们都是手感比较适合我（的英雄），强"，"我们都是哪个上手就用哪个，哪个人物厉害就用哪个，没什么性别意识，不至于出现像'我是个女的不能用男的'"。

男性玩家性别转换的特殊原因

一些男性玩家将账号角色改为女性，是因为他们能因此更容易在游戏中获得优待和利益。在刻板印象里，女性玩家在游戏中被设定为游戏能力低，扮演着一种被保护的角色，处于弱势地位，即使她们在游戏里犯错也不会受到过分的指责，反而会受到其他男性玩家的保护。一些游戏技能较弱或自尊心比较强、比较敏感的男性玩家会因此选择扮演女性角色，避免因为没玩好游戏而被队友责骂。扮演女性角色的男性玩家最了解同为男性的玩家们需要的是什么，并因此有的放矢，"广撒网，选择性捕捞"，利用女性角色的身份获取利益。

另外，有些游戏男女比例存在失衡的问题，女性在游戏中更容易受到照顾，这也导致部分男性选择了扮演女性角色。在原本就缺乏女性玩家的游戏中，一个技术过硬的"女性"玩家自然成为众多男性玩家心中的女神级别的人物。这位"女性"玩家不仅收到了夸赞、照顾，心理上获得了满足感，与此同时，还可能会有男性玩家自愿为这位"女性"玩家购买物品。有时候，即便技术一般甚至很差，但只要将自己的"女性"身份展示在男性玩家面前，去满足男性的心理欲望，也能获得相应的好处。比如，在《魔兽世界》中，一百人的公会中如果出现了几个女性玩家，那么她们就会是整个公会的团宠。在团队副本中，就算是仅仅站在一边跟大家聊天都没有人会说半句怨言，而团队里如果一个男性玩家的配合出现一点小问题，那么他就会成为众矢之的。相比之下，一些男性玩家更倾向于进行性别转换来享受更宽松的游戏社交环境。

女性玩家性别转换的特殊原因

而女性玩家进行性别转换的一个原因，则是很多女性玩家认为，只要创建了男性账号就可以避免其他男性玩家的骚扰。调查显示，59%的女姓在游戏中隐藏性别，避免性骚扰。一名女玩家进一步解释说："很多时候我在网游中玩的是男性角色，所以很多人没有意识到我是一个女孩。我们试图隐藏自己，这样别人就不会和我们调情，给我们发东西，发我们不想要的信息，或者照片。"有报告显示，44%的女性玩家提到她们"收到过主动提出的恋爱请求"。我们在研究中也有女性玩家提到游戏中的性骚扰。

"女生性骚扰也有。如果开语音，只要是个女的，他们就会说比如我带你之类的，等会打完之后加下好友加下QQ，下次我带你打什么的。就开始搭讪，之后慢

慢就会骚扰。骚扰就是他一直发信息给你，很烦的。"（F14）

女性在社会中往往是弱势群体的一方，在游戏中也不例外。女性玩家受到男性玩家语言骚扰的概率要远大于男性玩家受到语言骚扰的概率。为了更好的游戏体验，女性玩家会选择扮演男性角色，从而避免异性的骚扰。同时，男性玩家始终对女性玩家有所偏见，认为女性玩家在游戏中的代名词就是"弱"和"菜"。一旦对方游戏打得不好，一些男性玩家就会嘲讽似地问对方是不是女生，这导致部分技术过硬的女性玩家会被怀疑是"人妖"。因此她们会选用男性角色甚至是使用男号来进行游戏。

出于减少性骚扰和性别偏见、提升游戏体验的目的，部分女性玩家会主动选择进行性别转换，专注于游戏行为本身。而女性玩家一旦选择创建男性角色，很大程度上也会不自觉地模仿男性玩家的行为，使用男性化的语言符号。她们认为，使用男性账号可以让自己与其他男性玩家一样在游戏里获得同等地位，而不是成为被保护或被推卸责任的对象，即使在游戏里出现失误也不会因为是身为女性玩家而显得理所应当。由此看来，这些性转账号在某种程度上也成为女性玩家们的"保护伞"。凭借着女性玩家自身对女性的了解，扮演男性角色的女性玩家甚至很容易成为使用女性角色的女性玩家心中的"暖男""男神"，享受成为"男性"的快感。

当然，游戏玩家进行性别转换的原因是非常复杂而多元的，除了我们上面讨论到的这些，获取资源、装备的便利，引诱其他玩家赠送皮肤、装备等，也是部分玩家进行性别转换的重要原因。在这种情况下，性别转换成为榨取金钱与游戏利益的便利方式之一。

第二节　游戏中的性别意识体现

心理学家认为，儿童在一岁半左右开始知道自己的性别属性，到六七岁时就逐渐明白这种性别属性的不可逆转，开始在行为和价值观方面进行性别分化，男孩和女孩按照自己的性别玩不同的游戏，并且选择同性别的玩伴。林宇玲在研究台湾小学生的游戏实践时发现，六年级的男生和女生在玩电子游戏时已经表现出强烈的性别意识。[①]受既有性别认知的影响，男女生不仅选择不同类型的电子游戏，男生偏好具有宰制、征服性的游戏，女生则偏向具有合作或社交性的游戏，而且即便玩同一款游戏，男女生注意的点也不一样，男生偏重动作，女生留意角色造型、聊天方式或一些游戏细节。无论男生还是女生，都尽力在玩游戏的行为中体现出自己的性别，即使处于男性团体边缘位置的男生，也不愿与"女性特质"有任何牵连，一再通过玩战略性游戏、学习电脑知识等行为建构其男孩特质。在我们的研究中，即使有昵称和角色形象等符号的遮蔽，玩家在网络游戏中的具体行为同样能够反映出明显的性别特征和性别意识。

游戏选择中的性别差异

出于男女性别在心理、生理和社会身份方面的差异，不同性别的玩家对于游戏类型的选择有所不同。正如玩家F9所说：

"我觉得总体来说男生的行为可能偏向暴力，女生可能就偏向娱乐性一点。比如据我了解，以前班里男生玩CF、DotA这些比较多，而女生就玩《模拟城市》《换装游戏》这些。"（玩家F9）

即使是玩同一款游戏，不同性别的玩家对于游戏模式也有不同选择。以《王者荣耀》为例，在选择参与游戏的模式时，男性玩家倾向于玩排位赛和巅峰赛，女性玩家则更喜欢玩匹配赛和娱乐模式。排位赛和巅峰赛是一种竞争行为，其胜负与玩家的段位和排名有关，会显示在游戏账号中。通常男性玩家更热衷于玩排位赛来提升自己的段位，从而形成在同性玩家里的优越感。而女性玩家普遍更愿意以娱乐的方式来玩游戏。在我们的访谈中，一位女性玩家坦言更喜欢玩娱乐模式，因为娱乐模式时间短、节奏快，各种不同的玩法让她觉得不论输赢都很快乐。

---

① 林宇玲. 偏远地区学童的电玩实践与性别建构——以台北县乌来地区某国小六年级学童为例. 新闻学研究. 2007,(90):43-99.

而排位赛的胜负关系到自己和队友的段位，会让她觉得有压力，所以一般不玩排位赛，而是主要打匹配赛，玩娱乐模式。

角色选择中的性别差异

角色外形选择

女性玩家群体里看中角色外形的数量占比要远高于男性。女性比男性更看重物品颜值，这一点在大众消费领域早已达成共识。在竞技属性很高的战斗类游戏中，女性注重颜值这一特色，依然得到了数据的明显支持。在玩家访谈中，一些女性玩家表示自己愿意去接触一个新英雄的原因很大一部分是其外形的高颜值，而后才是根据角色的可操作性来决定是否继续使用这个角色，甚至即使在使用这个角色时表现不佳，因为其高颜值，也不会轻易放弃对该角色的选择。

角色类型选择

在大部分游戏尤其竞技类游戏中，一些操作技术要求高的角色多为男性角色。这类角色灵活机动，需要玩家有较强的反应能力，同时抗压能力强，需要玩家具有较好的开团意识。而对玩家的这两点要求在游戏设计师和大部分人看来，男性玩家更能够适应，因此这类角色也通常被设计为男性。与之相对，大部分女性角色的使用难度就相对容易，比较适合女性玩家的操作。玩家在选择游戏角色时，很大程度上也会受到角色的性别与能力设计的影响，男性选择适合男性玩的男性角色，女性选择更适合女性玩的女性角色。

在挑选自己想玩的角色时，玩家普遍会倾向于挑选技能适合自己操作的角色，这一点在男性和女性玩家中的占比均超过了 60%，其中在女性中表现略高。但在从团队组合的需要出发来考虑角色方面，女性玩家的占比则低于男性玩家，前者占比为 27.1%，后者则达到了 42.8%。当玩家擅长的角色位置有重合时，男性玩家更倾向于坚持自己的选择，认为自己能够带动队友走向胜利。女性玩家则选择避免角色职业的冲突，相信队友的操作，使己方队伍的角色设置更合理。

有大学生玩家通过自己的朋友圈对《王者荣耀》玩家的角色选择因素做了一个小调查，共回收 88 份调查问卷。调查结果显示，男性玩家在选择英雄时选择的类型更为全面，女性玩家则更倾向于选择法师、射手和辅助类英雄，刺客、战士、坦克类英雄则较为冷门。在各个定位的英雄中，法师最受欢迎。且男性玩家与女性玩家选择英雄时的考虑因素也有所不同，男性玩家多从英雄克制关系和练习英雄方面考虑，而女性玩家更在意英雄角色造型的精致与技能的酷炫。同时，注重阵容搭配是男性玩家与女性玩家都考虑最多的因素。

相关研究也显示，相比男性，女性玩家在选择常用的角色类型方面表现出明显的爱憎。在女性玩家中，65.7% 的人常用角色类型是法师，其次是射手，占比为53.9%，这两类角色的受欢迎程度远高于其他角色类型。相比而言，战士和刺客在女性玩家中均只占约十分之一。男性玩家没有表现出如此大的差距，男生普遍喜欢刺客打野位、射手或者对抗路。除了最高的射手占比为 53.9%，辅助类角色被选择的占比略低外，其他角色的选择占比均在 40% 左右。

女性玩家比较偏向软辅和法师类型的英雄。软辅的操作比较简单，上手很快，英雄形象也大多偏向可爱类型，例如游戏中的蔡文姬、孙膑、大乔等。女生偏爱的法师集中于安琪拉、妲己、小乔这几位英雄，这些角色有共同特点，即操作难度不高，上手快且伤害高。女性玩家偏爱法师和射手类角色，还有部分原因是这是两类不需要近身攻击的角色，偏向远程输出技能，比其他角色更加远离斗争中心。在对玩家的访谈中，部分女性玩家提到喜欢玩一些控制类法师的角色，这类角色操作简单，容易上手；或者是辅助型角色，能够保护别人，被需要的感觉让她们很有成就感。而其他类型的角色因为操作的难度大而让她们不能很好地适应，为了己方游戏的胜利，会更多选择自己擅长的英雄。

角色操作中的性别差异

男女玩家在游戏中的行为跟自身性别有着较为密切的联系。

"游戏里应该可以识别出来玩家是男是女，可以通过他的操作和沟通的语言辨别。一般男孩子打游戏就很强硬、刚，女孩子可能就躲躲闪闪。打字，男的一般死了很多次后会爆粗口，女生一般不太会。"（玩家M18）

"男女生在行为很多方面都有差异，男生玩游戏时更大胆更激进，女生一般比较谨慎，而且游戏中爆粗口的也是男生多一点。不过有时候也和个人的竞技水平和个人修养有关。"（玩家F6）

Broverman等人指出，女性在气质、情绪和能力上表现出亲切、有礼貌、含蓄害羞、缺乏竞争力和领导能力等人格特质刻板印象，男性的相应表现则是粗鲁、自负、攻击性强、独立、自力更生等。[1] Herring在分析网络讨论区里男性和女性的语言使用时发现，在面对一个具有争议性的话题时，男性喜欢用决断性、支配性的口吻表达意见，女性则多用询问式的。由此可见，现实社会中评判性别的标准被沿用到虚拟空间，人们依然按照传统社会的性别认知来建构自己的网络行为。在M18和F6看来，男生女生现实中的性别差异在网络游戏中仍然有着比较明显的体现：男生直接果断，习惯于用硬碰硬的手段解决问题，一旦解决不了就爆粗口发泄；女生则不愿意直接搏斗，遇到情况容易躲闪回避。玩家在游戏类型选择和具体游戏行为上的差异显示，他们在虚拟世界表达自我时依然延续了现实社会中基于性别的个人行为规范。

玩家游戏行为中性别特征和性别意识的另一个体现，在于游戏消费行为的性别化。在谈及是否会花钱打扮自己扮演的游戏角色时，玩家M3很干脆地表示："如果我是女性，并且我玩的也是女号，我就会装扮它，但我是男性。"和M3的观念一样，玩家F5在《梦幻西游》里既玩女号也玩男号，她会充钱为女号的角色人物染色，买好看的锦衣，但却不会花钱装扮男号。

"男号没有，就是最原始的人物形象，如果每个号都要买锦衣染色，可是消费不起的。锦衣要是用网易充的点卡买的话就是，衣服100块钱，加上脚印、光环什么的一套也要150～200块。这么贵，当然是给女号买啦。"（玩家F5）

---

[1] Broverman, I., Vogel, S., Broverman, D., et al. Sex roles stereotypes: A current appraisal. Journal of Social Issues, 1972,(28): 59~78.

在 M3 和 F5 的性别意识中，他们觉得只有女性需要在服饰和形象上装扮自己，男性则不需要，或者说需求远小于女性。这与现实社会中女性身体消费比男性更受到关注相一致。在性别本质主义的理论预设中，男女两性身体表现出不同的物化路径：女性的价值在于美丽的身体及隐含其后的性器官，其精神世界毫无价值；男性的价值则具有精神属性，事业成功是男性价值的最大体现。[①]虽然，性别本质主义作为一种被建构出的社会话语处于不断变化之中，在当下被流行文化和时尚符号所包围的消费社会，男性对自己身体的关注与消费也日渐增多，但媒介环境中对女性身体被"注视"和被"消费"的重视没有发生根本性的变化。

第三节　青少年玩家性别意识的发展

无法遮蔽的生物性别

即使出于各种原因选择了进行性别转换的玩家，尤其是处于发育和认同敏感期的青少年玩家，也会通过不同方式彰显自己的生物性别。玩家 M3 是重点大学的学生，因为经济上的考虑，他在《神武》中扮演了一个女性形象。在谈到扮演女性角色是否会被识破时，M3 表示：

"首先我的名字是比较男性的，里面有一个'栋'字，栋梁的'栋'，跟我名字有关，这个栋字一般和女性搭不上什么关系。但因为我的形象是女性，还是会有玩家问你是男的还是女的，我就直接回答他我是男的。一般情况下他们不会把你当作女性，因为这样的玩家也比较多，而且我名字里有一个比较男性的字。"

或许与自己扮演女性角色有关，M3 特别需要强调自己的男性意识来冲抵人们对男性玩扮演女性角色可能引发的各种联想。他在访谈过程中不止一次提到自己的男性意识，强调自己对男性"帅"的理解是中国传统的具有英武之气和雄性气概的男性之美。M3 表示，自己对《神武》中这个女性角色的造型不是太满意，想玩

---

① 章立明. 身体消费与性别本质主义. 妇女研究论丛. 2001,(6):58.

回男性，但是因为修改角色性别要牵扯的东西太多，所以他目前仍在使用这个角色。他通过多次申明自己在游戏昵称中保留了颇具男性意味的"栋"字，来表明自己性别转换的原因与性别本身无关，以此显示自己的"雄性特征"。

实际上，玩家们的生物性别仍然会对他们的性别转换行为带来一定影响。由于角色符号的形象化，部分玩家尤其青少年玩家在性别转换后会出现认同障碍，不知道如何对待所扮演的角色。玩家F4就表示：

"玩过男号，是借的朋友的账号玩的，但是后来心情就有点复杂，就没有再玩了。会有一点认同障碍吧，我玩的是代入感，玩女号久了之后玩男号就会有一点认同障碍，就会有种不知道怎么看这个号的感觉。声音就是一种很重要的感觉，男号女号声音会有差别，人物的声音，还有背景音乐之类，男号和女号有时候会有不一样。"（玩家F4）

玩家M16提到，自己的发小也出现过这种心理障碍，"他就跟我说，女号装备好便宜啊，我想玩个女号，但是我看到女的好别扭啊"。认同障碍的出现主要是因为网络游戏比其他虚拟空间拥有更为丰富和逼真的符号系统，不仅出现人物形象、服装道具、语言文字等视觉符号，还有声音、音乐等听觉符号，立体多维的符号世界带给青少年最直观的性别感受，使他们在扮演异性角色时可能会产生不适之感。

无处不在的性别刻板印象

对于性别的刻板印象一直是性别问题中无法避开的一个话题。在虚拟世界里，人们对于男性性别的刻板印象依然有较为明显的表现。就跨性别选择游戏角色的行为而言，对于不同性别的玩家，人们会产生不同的评价。比如喜欢玩妲己、瑶这类女性化角色的男性玩家会被其他玩家视为"娘炮"。而对那些操作男性化英雄比较上手的女性玩家，人们会质疑这个账号的真实性，不相信女性玩家会玩得这么好，认为很大概率是男性使用女性账号在参与游戏，只有少数人会对女性玩家表示肯定。

玩家在游戏过程中也经常遇到这样的事情，当一位女生拿出一个操作性较强的角色时，就会有些人出来说："女生玩些辅助就行了呀，拿这个，那这局游戏没了"之类的话。我们在访谈中也听到"女的菜一点，手脚笨，没脑子，脑子死，坑，打团就一个人上，不配合，技能乱放。我俩带我们班两个女的，她们都教不会，太笨。"（M23）"我打游戏，如果娱乐无所谓，如果打竞技碰到女的，我就烦。女的操作差，而且还贼蠢。"（M24）等类似语言。

虽然这些刻板印象基于的是大部分的事实，但小部分的真相也不能忽视。游戏角色的性别不能成为禁锢游戏玩家自由的镣铐。

逐渐实现的性别理解

人们在网络上的留言与交际行为往往会变得更加大胆，而网络游戏中的性别转换拓宽了玩家社会互动的可能，呈现出多元的交际行为与心理反应。这种特殊的社会互动行为也在潜移默化中改变着玩家对于虚拟与现实环境中的性别认知。

玩家的性别转换行为，对他们性别观念的认识和重塑具有一定的影响。无论是跨性别扮演的选择还是扮演的过程，其所呈现的虚拟的自我和性别表达都和真实的自我密切相关。在性别和扮演上虽然相互矛盾，但同时又反映了内心的真实期望，表现出对异性的好奇或支配的欲望。而在这一过程中，借由游戏的亲身体验，玩家也会渐渐改变对性别的固有观念，可以更全面且丰富地了解到异性的行为特点和心理思考模式。且这一影响，也会对玩家生活中的真实自我进行塑造，促使他们反思现实中自己与异性的交际行为，借用游戏中的交互模式和反应来作用于现实中的交际，促成性别的相互理解。

第二章　乱花渐欲迷人眼：游戏中亲密关系的形成与表现

在网络游戏世界中，玩家之间因为互动中产生的情感满足而结成亲密关系，因为互动中的相互自我揭露而产生信任，并进一步激发双方为彼此提供情感支撑。无论是 MMORPG，还是 MOBA 或 FPS，绝大部分网络游戏都鼓励玩家建立各种亲密关系，以增强玩家对游戏的黏性，同时提升游戏趣味、促进游戏社交性。比如《梦幻西游》里玩家之间可以结拜、可以结婚；《王者荣耀》里面，玩家可以选择建立恋人、基友①、死党、闺蜜四种亲密关系，也可以拜师结成师徒关系；《摩尔庄园》里，玩家可以通过努力成为邻居。玩家对亲密关系的追求与期待，也是他们对自我的一种表达。

第一节　《摩尔庄园》里的闺蜜

《摩尔庄园》是上海淘米网络科技有限公司为 7 ～ 14 岁儿童开发的社区养成类网页游戏，于 2008 年 4 月 28 日发布。《摩尔庄园》的虚拟互动社区，融虚拟形象装扮、虚拟小屋、互动游戏、爱心养成于一体。在庄园里，玩家化身可爱的小鼹鼠摩尔，成为这个虚拟世界的主人，在不同的地形中做出行走、游泳、乘坐缆车、蹦床等不同行为。每位小摩尔都拥有一块属于自己的农庄，玩家可以将农庄

---

① 网络用语，本义为男同性恋者，在网络上通常指关系亲密的男性友人。

打造成自己想要的样子，每天养花种菜，喂养动物，享受经营乐趣。2021 年 6 月 1 日，《摩尔庄园》手游版正式上线。

《摩尔庄园》里好友之间可以通过提升亲密度来建立邻居关系。小摩尔之间每天可以通过好友私聊、送礼、留言板点赞、家园浇水等方式来增进亲密度。当亲密度达到 200 时，双方可以去洛克行政官处登记申请邻居，可以选择死党、闺蜜、知己和基友四种关系（图 3.1）。

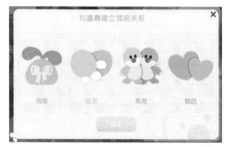

图3.1 《摩尔庄园》的邻居关系

成为邻居后，两个小摩尔的家园将搬到一起，两人的共同家园会有一个公共储物箱，双方可以将自己的家具移入公共储物箱中，两人可以共同使用这个储物箱中的家具，一起打理装修这个公共家园。当亲密度到达 1500 的时候邻居之间可以开启相互经营农田的功能，这时玩家不能再偷取邻居的农作物，只能帮对方摘收。当亲密度到达 2000 的时候邻居还可以开启互相照顾动物的功能。

玩家 F15 和她的大学室友关系很好，在现实中就是闺蜜。在《摩尔庄园》手游版上线后，她们怀着对童年游戏的美好记忆，一起玩这个手游，在游戏里私聊对方，去对方的家园给农田浇水，去留言板点赞。她们把这三种方式称为一键三连，通过这些互动方式增加亲密度，为了能尽早成为邻居而努力。成为邻居后，她们还是每天坚持不懈地完成一键三连，直到亲密度达到 2000，开启了互相照顾动物的功能，帮对方的动物刷好感度。

从开始玩《摩尔庄园》手游的第一天起，F15 和室友就像魔怔了一样，每天早上醒来的第一件事就是去游戏里做任务，睡前也是在游戏里钓鱼，每天一有空就去摩尔庄园，差不多一个月都沉浸在这个游戏及其营造的亲密关系里。

在游戏里，F15 和她的邻居一起装扮她们的公共家园，去对方的家里做客玩耍，打卡摩尔庄园的各个地方，去看日落、爬山、听音乐会等。她们互相交流经验，讨论怎么钓传说鱼，怎么和NPC增加好感度，做什么菜能在餐厅卖高价等。虽然《摩尔庄园》手游版与网页版有很多不同之处，也存在不少bug需要修复完善，但是手游的出现，再一次唤起了她们童年的回忆，里面新出现的内容和活动也给她们带来了新的体验。（图 3.2 ～图 3.4）

图3.2　玩家F15和室友的邻居证

图3.3　玩家F15和室友的公共家园

图3.4　玩家F15和室友一起听音乐会

第二节　在《最终幻想 14》里做恋人

《最终幻想 14》（*Final Fantacy 14*，简称FF14）是一款大型多人在线角色扮演游戏（MMORPG），是日本游戏开发商Square Enix开发的《最终幻想》系列第十四部。游戏中设置了恋人关系，玩家可以通过不同方式结成恋人关系，在虚拟世界中扮演情侣。

从陌生人到情侣，恋人关系的诞生

恋人关系的诞生有多种途径，可以是现实关系在虚拟世界中的延伸，也可以是陌生人之间的结对。

现实中亲密关系的延伸

有一部分玩家在现实生活中拥有自己的伴侣。他们在接触《最终幻想 14》后觉得游戏很有意思，便邀请了另一半加入游戏中来。若是双方都能对游戏发展出兴趣并且乐意在游戏中投入时间成为游戏世界的一分子，那么作为游戏中虚拟角色关系确立的标志，两个人结成游戏中的情侣也是顺理成章的事。

游戏过程中玩家关系的转变

作为一款拥有大量在线玩家参与角色扮演的网络游戏，《最终幻想 14》为玩家提供了竞技、社交、交易等多种游戏活动。玩家需要不断和其他玩家展开社交，进行交易，甚至于结成团队，作为患难与共的小队成员共同攻克副本。在这些游戏行为中，大量与陌生人接触的机会使得陌生人社交成为游玩过程中非常重要的一环。

玩家们通过种种契机彼此结识，从陌生人变为熟人，关系密切的玩家还会结成部队，以一个组织的身份活跃在游戏当中。有些玩家为了攻克高难度副本，还会组成专门的固定小队（简称固定队），在每周固定时间练习。相比系统随机匹配的野队，固定队队友之间更加熟悉，交流也因为可以借助其他聊天工具而变得更加方便。长久的相处往往促使他们成为朋友，产生第二部分第二章提到的团队归属感。再加上一部分部队、固定队成员本身即彼此认识，互为亲友，这些熟人团体也就成为诞生恋爱关系的良好温床。玩家之间经常聊天交谈，相互合作，长期以来就容易产生亲密感受，尤其一些技术精湛、风趣幽默、热心助人的玩家很有可能得到异性青睐，与之形成恋人关系。

此外，《最终幻想14》中还设有导师制，老手玩家和新手玩家结成指导者与被指导者关系，帮助新玩家尽快融入游戏。鉴于游戏玩家大多数年龄相仿、爱好相近，大部分指导者和被指导者并不存在年龄上的代沟，只是有游玩时间和游玩经验上的差距。导师和新人沟通频繁，如果恰巧又是异性关系，双方在经常性地接触交流后，基于整个新人成长阶段慢慢培养出来的感情，就有可能发展成恋人关系。在下图所示的帖子中，玩家讲述了和导师从认识到结为CP的过程。（图3.5）

图3.5 网友在论坛里发帖表明与导师的关系

恋人（CP）招募帖——来自陌生人的相亲

有时，为了迅速结成恋爱关系，拥有情侣身份，一些玩家还会通过发布恋人招募帖来寻找玩家结成伴侣。

CP，即配对，一指coupling，玩家将游戏中的角色配对为同性或异性情侣，也指 character pairing，指将游戏里和故事里自己所喜欢的角色进行夫妻配对。在网络游戏《最终幻想 14》中，CP 指通过互联网手段在网络上结成的虚拟夫妻。

对于有招募 CP 倾向的玩家而言，最广泛使用也是最直接的选择是在各大论坛发出招募帖。发布渠道主要有 FF14 百度贴吧、NGA 游戏论坛等玩家活跃度较高的游戏社区，或者游戏内的招募板（招募板，即游戏内的"队员招募"功能，玩家们在这里发招募帖来集结小队攻略副本，也可以用作广告牌出售游戏装备道具，有时候也被用作 CP 招募等游戏社交行为）。

CP 招募的具体流程是发布招募帖，附上自己的个人信息，包括游戏中的角色信息、自己一般的游戏时间、性格以及想要找的 CP 倾向等。在帖子发布后，有相同需求和倾向的人便会通过私聊的方式和发帖者接触。经过一段时间相处后，最合拍的两人便有很高的概率结成 CP。（图 3.6）

【招募类型】cp（不涉三）/亲友
【服 务 器】乌区/沃仙
【招募内容】本体男找女，cp≈网恋＞亲友，不涉三 在线时间19:30—00:30
个人介绍：男，母肥（可洗），社畜，平时白天上班，金牛男，沃仙有房，最好是沃仙的，可跨不转；
很少加班，一般在线时间19:30—23:30，可语音
性格上：不熟的话有点内向，但是熟悉之后沙雕属性拉满，还很"骚"气，粘人 Nﾉwﾉﾉﾉ，喜好看一些沙雕番，日剧
游戏上：主职骑士副T，零式方面进度不强求比较随缘，这版本暂时没有打零式计划，可以陪一起开荒
可以陪ULK（还在火岛），挖宝，高难，零式，日随，绝本需要的话也可以陪一起开荒，沃仙房子呢，自己杀死了亿点点脑细胞装了庭院，内部装了一小半是实在装不动了！/(To
T)/~~
平时无聊或者长草期就和朋友玩玩LOL（黑色玫瑰，在下乱斗狂魔是也），
steam联机啥的也可以的（恐怖游戏不能 QAQ）！
希望我们不仅仅在FF14里可以一起愉快的玩耍，有兴趣的话可以私信我，非减勿扰~
希望你：三观正，也是社畜，我可不想找个学生白天没时间陪你最后自己变成瓜主，游戏内
互相主动积极，有
什么活动希望你可以主动邀约我一起，"我们要去XXX，你一起来吗？"！暂时就这些要求吧
神秘代码：▇▇▇▇▇▇　私信我可能回复的不及时哟！

图3.6　网友的情侣招募帖

选择发帖来招募 CP 的方式直奔主题，很快就能找到有相同需求的人。但是问题也同样存在，通过这样的方式认识的朋友往往不够深入了解，在后续的相处过程中随着彼此交往的不断深入，两者原本在观念、习惯上存在的许多矛盾摩擦可能会逐渐显现出来，最终容易走向不欢而散的结局。

为何要成为恋人

玩家在游戏中形成恋人关系或结为夫妻可以有多种原因，归结起来主要是两方面因素：一方面是感情因素，双方长期互动积淀慢慢顺理成章成为恋人结为夫妻；另一方面是利益因素，为了获得某种利益，比如得到一件道具，玩家会暂时性地结为夫妻。

感情积淀

游戏中的许多CP，也就是恋人关系，是异性朋友发展到一定阶段的结果。由于虚拟角色性别的可编辑性，在虚拟角色背后的真实身份与性别其实并不为人所知，许多人在结交朋友的时候并不会在意对方的性别是什么，或者说并没有带着强烈的目的性，往往是在后续的深入交往之后，才发现彼此异性的身份。有些关系十分要好的朋友，本身关系就很亲密，想要更进一步，便由此顺理成章地成为恋人。同样的，导师和新人，固定队、部队的亲友最后结成恋人的，往往也都是基于时间和感情的长久积淀，关系越来越亲密，最终走到了结为CP这一步。

因为游戏中的恋人并不是传统意义上的夫妻，而是更接近玩伴的概念，所以有的关系亲密的同性朋友也会结成CP关系，这一现象在女玩家中比较普遍，在男玩家中相对少见。

陪伴的需要

另外一种CP关系的诞生带有较强烈的目的性。部分玩家出于种种原因，身边并没有或者没能认识合适的可以成为CP的玩家对象。而在虚拟世界中，一个人的玩耍总是太寂寞，这些玩家出于对其他CP生活的向往，希望自己在游戏中也能有一个人陪伴，这时就会倾向于发出招募帖，寻找有着相同动机的合适的异性结为CP。

形婚

还有一部分玩家结婚只是单纯想要获得游戏中的虚拟道具——永结同心的礼服，也就是婚纱或者礼服。这种行为一般被称为形婚，即形式上的婚约，其实并不构成意义上的恋人关系，往往形婚完毕后双方便会开启离婚流程。下图中，玩家在发布招募贴时已经将目的讲得非常清楚。（图 3.7）

图3.7 网友的结婚招募帖目的明确

磕CP

游戏中有一部分玩家会扮演成游戏中的NPC（非玩家角色）来表达对角色的好感或者进行社交活动，有时候玩家会扮演成他们希望结成CP关系的NPC进行永结同心的仪式，来欣赏他们所钟爱的角色在一起的时候。在角色收获幸福的同时玩家自己也能获得精神上的满足。

亲密关系的仪式

在《最终幻想14》中，两名玩家想要结成恋人（游戏中称为"永结同心"）的关系，需要在十二神大圣堂进行结婚仪式，完成一系列流程。

首先需要在游戏商城购买能缔结婚约的永结同心套餐。永结同心套餐共有三种，分为标准、黄金、白金三个档次，价位也随之各不相同，其中标准档次是免费的，玩家并不需要额外支付任何费用，黄金套餐88元，白金套餐176元。与价格相对应的是游戏中不同规格的婚礼仪式，以及额外的游戏道具。玩家在购买永结同心的方案之后，需要在游戏中打造永结同心的戒指，并且交换给彼此，完成对应的任务，一同到各地游历祈祷，获得十二神的祝福。随后，双方在大圣堂预约婚礼时间，并向亲友们发放婚礼请柬，最后在约定时间里在十二神大圣堂举办婚礼。整个婚礼分为迎接来宾、进行婚礼和收尾工作三个阶段，仪式完成之后，双方便在FF14的世界中结成了永结同心的关系。永结同心戒指因此也得到一个新功能，可以将一方立即传送到恋人的身旁。此功能可以在游戏中无限制地使用。倘若有任意一方想要结束这个关系，只需向婚礼司仪提出离婚要求，永结同心戒指便会失效并被舍弃掉，双方也就结束了恋人关系，并且可以寻找新的恋人。（图 3.8）

图3.8　恋人结婚现场

成为恋人后的日常

恋爱之后，情侣们更加愿意在自己的虚拟角色上下功夫，购买新的服饰、发型、武器等增加外观方面的魅力，并且一起去游戏世界的各个场景旅行，看风景、拍照纪念。这在某种程度上和现实生活中的情侣们十分接近。（图 3.9）

图3.9　游戏中的情侣交往

成为CP之后，大部分线上的时间里，两人都会在一起活动，完成一些日常任务和季节活动。其中，站街秀恩爱是情侣们结为CP后乐此不疲的一种活动，情侣们会选择热闹大都市的大水晶即中央广场，坐着聊天或者进行一些社交活动。

装修也是CP们乐于尝试的项目。游戏中的房屋是属于玩家的独立产权，主人拥有给予他人共同居住的权利。结为夫妇的玩家大部分都会向对方开放彼此房屋的住宿权以及装潢权，很多情侣将一起制作家具、装修小屋视为游戏的一大乐趣。

许多CP还非常热衷一起逛店。两个角色会一起去咖啡馆、茶室、音乐厅、牛郎店、占卜屋扮演情侣，在游戏中缔结了恋情的两人在这样的环境氛围中更加有真实的体验。

同时，拥有CP也是许多玩家尝试游戏新玩法的一个契机。他们有机会与恋人一同尝试自己之前没有接触过的游戏内容，例如参与发光武器的制作、钓鱼烹饪，或是一些特殊副本，等等。这些游戏内容本身具有十足的趣味性，但因为并不是很主流，或者玩家们难以聚集在一起，往往很容易被人冷落。而在拥有CP之后，两个人一起尝试这些之前没有接触过的游戏内容便成了恋人们青睐的首选。

第三节　亲密关系的多重表达

在以过关升级为核心结构的网络游戏中，青少年玩家亲密关系的建构呈现出种种复杂的面貌，既有对纯粹关系的追求，也有功利性因素的掺杂和对传统观念的解构，同时还受到自我认同的影响。因此，我们在本节专门分析情侣／基友／死党、夫妻和师徒这三种游戏中常见的亲密关系，分析青少年玩家如何建构又如何看待这些亲密关系。

亲密关系从何而来

无论是结为夫妻或情侣，还是成为好友闺蜜，总有许多玩家是基于长期互动而逐渐加深了解，进而与经常一起玩游戏的玩家结成各类亲密关系的。也有一些玩家基于玩游戏的实际需要或个体的心理需求而与对方形成情侣/夫妻关系。至于师徒关系，则更多受到游戏难度和玩家性别与心理的影响。

短暂又虚拟的真爱

"我结婚的对象在现实中是不认识的，是游戏里面认识的。也就是我刚刚高考完，一开始也是活动的时候认识的。那时候我的号属性还很弱，基本上没有什么人愿意跟我组队带我玩，就他一个人愿意带我。可能是玩的时间久了吧，也没有刻意地说游戏结婚啊什么的，也没有说刻意去练好友度，就自然而然到了1000，然后就结婚了（捂脸），主要天天一块玩嘛。因为我们是好友度到了，两个人在一起玩得久，自然而然就结婚了嘛。"（玩家F5）

社会心理学认为，爱情包括浪漫型爱情、占有型爱情、好友型爱情、实用型爱情、利他型爱情、游戏型爱情等不同类型。玩家F5的夫妻关系是由典型的好友型爱情发展而来的，即"慢慢从友谊、分享和自我表露中升华出来的舒适的亲密感"[1]中形成进一步的情感需求。在虚拟世界中，这种亲密关系往往能够持续较长时间，因为双方的婚姻基础来自结伴玩游戏的共同经历以及在此期间相互交流形成的好感，结为夫妻只是在这个基础上水到渠成、自然而然的行为。即使日后解除婚姻关系，双方还是可以继续维持友谊。玩家F5目前大四在读，她和她的虚拟结婚对象虽然早就不再是夫妻，但从高考后一直到现在都保持着密切的联系，经常在微信与QQ上互动。这种从游戏中的互助交流慢慢发展起来的婚姻关系符合吉登斯对纯粹关系的描述，双方没有受到财富、地位等任何外在因素的影响，纯粹因为在游戏中的频繁互动而产生情感上的依赖与满足，进而在满足条件时自然地结为夫妻。互动双方从彼此的友好和依赖态度中感受到爱与尊重。

说一类话，做一类人

"基友和死党也有的，你觉得这个人说话做事很符合你的人生观、价值观，就

---

① 谢利·泰勒，利蒂希亚·安妮·佩普卢，戴维·西尔斯. 社会心理学. 崔丽娟，王彦，等，译，上海：上海人民出版社，2010年，第256页.

会成为你的好朋友，你觉得他说话比较好啊，不会因为一些小事情而跟你斤斤计较，不会跟你勾心斗角，就会成为好朋友。我玩《王者荣耀》的时候基友是我室友，我们经常一起玩。"（玩家M15）

"组情侣的话，以前也玩过，那时候年纪比较轻，可能就比较希望游戏里面能有玩得来的人一起玩，比较注重于开黑这种。那时候玩《QQ飞车》。它有自己的一个世界，有情侣啊，有车队啊，公会啊。游戏里面找到朋友，对我的认同是一种很大的提高。"（玩家M2）

许多网络游戏规定，玩家共同完成一个任务、一起战斗，或互相赠送礼物和金币都会增加双方的亲密度或好友度，当亲密度达到一定数值就可以选择建立亲密关系。青少年玩家长期和同学或室友一起玩网络游戏，很容易达到建立亲密关系的系统要求，因而他们的基友和死党关系大部分来自现实生活。AhYun指出，人际吸引的一个基本因素是相似性，即我们倾向于喜欢那些和自己有着相似的态度、兴趣、价值观、背景以及个性特征的人。[1]他们是基于个人价值观而作出这样的选择的，比如玩家M15会与合得来的玩家建立基友或死党关系。他们通过做任务、战斗、社会交换，以及游戏中的聊天互动，逐渐了解彼此，并从中选择符合自己人生态度和处事方式的玩家进一步发展关系。这种建构亲密关系的过程实际上也是青少年玩家探索自我，进一步认识自己的过程。

游戏人生，实用为上

不少玩家为了获得游戏中情侣任务的奖励而形成亲密关系，互相利用，并没有真实情感的带入，形成亲密关系也只是走个过场。

"玩梦幻的时候吧，和我一个同学结的婚，男性，他是女性角色。我们想要孩子，孩子很可爱，又很厉害。我们两个人一起攒的钱，充的钱结婚。"（玩家M13）

"我在《弹弹堂》里也玩过结婚，我跟一个女性角色结婚，她应该是个男孩子

---

[1] AhYun, K.Similarity and attraction, in M.Allen, R.W.Preiss, B.M.Gayle, N.A.Burrell(eds). Interpersonal communication research. Mahwah,NJ:Erlbaum, 2002:145-167.

吧。结婚是为了完成任务，积累经验什么的，有奖励。以后不玩了就散了。"（玩家M25）

"第一次结婚就是在《QQ飞车》里面结的。那时候有个活动，只要结婚就能领到一枚绝版的戒指，然后我哥就跟我结婚了。因为一定要结婚才能拿到婚戒嘛，我就把性别换成女的跟他结婚了，然后领了绝版的戒指后又把性别换过来。《弹弹堂》里结婚是为了爱情火烈鸟。火烈鸟非常厉害，要冲好多级才能拿到，那时只要结婚就可以有。是跟不认识的人结婚的，那时候用大喇叭在公频上喊了下，有人应了，就结了。"（玩家M10）

"在《QQ飞车》里有过情侣。当时好像是做活动，累计在线多少时间赠送礼物什么的，当时恰好得到了一枚戒指，然后看了简介，后来就阴差阳错地对我基友使用了。当时使用条件很简单，甚至同性也可以使用，因为只需要在使用的时候将初始性别改一下就好了。"（玩家M26）

舍勒曾尖锐地指出："在现代性社会中，世界不再是精神的有机的'家园'，而是冷静计算的对象和工作进取的对象。"[1] 在部分玩家看来，婚姻关系只是游戏过程中的一个步骤而已，他们选择建立这种亲密关系只是为了更丰富的游戏体验比如养育孩子，或者是为了得到某个只有夫妻才能拥有的特殊物品。网络世界的虚拟性与匿名性消解了传统观念上婚姻的神圣感，网络游戏的娱乐性质加重了玩家对婚姻关系的游戏态度，驱使玩家为了游戏乐趣或竞争获胜的目的结成夫妻。玩家M13、M25和M10可以随便找个玩家结为夫妻，玩家M26可以和同性好友为了结婚而进行性别转换，在得到需要的物品后又将性别更换回来。婚姻对于这类玩家来说只是满足物质需求的工具，其内蕴的喜爱、依赖、承诺等浪漫情感已完全丧失。

不过，无论在现实生活中还是在游戏里，都存在为了获得某种利益而形成的亲密关系。无论在人类所属的哪个空间，都有迫于无奈或一时需要而形成亲密关

---

[1] 马克思·舍勒. 死与永生·舍勒选集（下卷）. 刘小枫, 选编. 北京: 生活·读书·新知三联书店, 1999 年, 第 256 页.

系的人们。对于玩家们的行为并不需要进行过多的阐释。

依附"豪门"的快乐

"《QQ飞车》里结婚其实都无所谓的啦，反正都不知道对方男的女的。有些人看我玩得好，也会来找我结婚。跟玩得好的人结，这样看起来比较厉害。"（玩家M20）

游戏中的亲密关系都有相应符号标示，夫妻双方结婚后，彼此角色旁就会显示"励静曼的夫君"或"冷小夏的娘子"字样，表明二人的夫妻关系。如果夫妻一方在游戏中比较厉害，另一方会因为这种关系标示而感受到荣耀感和自豪感。因而，一些玩家会"跟玩得好的人结，这样看起来比较厉害"。通过夫妻关系的依附，从对方的身份地位方面寻求他人对自己的认可。

男师女徒的能力宣言

为了帮助新玩家迅速上手、提高玩家兴趣，大量网络游戏还推出师徒系统，促进新老玩家的经验交流。例如在游戏《最终幻想14》中，游戏中的新人，也称豆芽（因为新人在游戏中的图标是一个豆芽形状的logo，故玩家们将游戏中的新人称呼为豆芽）第一次接触这类MMORPG时往往不能很快理解游戏中纷繁复杂的游戏机制，再加上游戏角色的成长期非常漫长，这时候就需要游戏中的指导者即导师来为新人提供贴心指导，答疑解惑。也正是因为这种指导者与被指导者的关系存在，玩家们普遍在游戏中拥有的第一段亲密关系便是和自己的导师，尤其有些细心和善的导师，被玩家们戏称为"妈导"，即像妈妈一样贴心亲切的导师。

玩家一般需满足一定的级别限制才能拜师或收徒，双方成为师徒后，作为师傅的玩家将向徒弟传授游戏知识，带着徒弟玩，帮助徒弟提高游戏技能，新手玩家在达到系统规定的级别后可以出师，双方会获得系统的特殊奖励。相对于情侣／基友／死党和夫妻，青少年玩家建立师徒关系的并不多，师徒之间的亲密度比较弱，相互之间较为松散，并且呈现出男性收徒、女性拜师的明显性别特征。这也跟拜师情况主要发生在MOBA类游戏中有关。这几年，MOBA游戏在玩家中的受欢迎程度大大增加。MOBA游戏流行程度提高的部分原因是《王者荣耀》带动了大量女性玩家的加入。女性玩家之前玩角色扮演类、养成类和休闲类游戏比较多，MOBA这样的竞技类游戏对手速、反应、思维等都有考验，女性玩家很容易一开始难以适应，因而在游戏中拜师的大部分是女性。男性青少年玩家很少拜师，至少很少承认拜师。

"我比较少拜师，因为我是一个性格上不服输的人，我觉得别人能做到的事情我自己也能做到。我游戏不会玩，也不会问别人怎么玩，我会自己找很多资料，看贴吧里面他们给的那些攻略。我会直接问那些攻略做得比较好的人，所以说我游戏上是不太会去拜师的。"（玩家M8）

"我们不拜别人为师。学得很快的，我其实刚开始还什么都不会，他教我的，去年暑假整个暑假都在互相打，就练起来了。"（玩家M18）

玩家M8刚开始玩*DotA*和《英雄联盟》的时候也遇到过困难，但他不愿意像一些新手女玩家那样主动拜师以提高游戏技能、加快游戏进程，而是采取自己看攻略查资料，或者直接询问攻略发布者的方式来解决问题。玩家M18则跟着技术较好的同学M23学习，并互相练习、提高技术。两位男性青少年玩家都表示不愿意在游戏中拜师，究其心理，主要是对于"师徒"关系象征意义的抵触。师徒关系的建立对于师傅和徒弟的级别有一定限制，比如《王者荣耀》规定，等级在7～20级的玩家可以拜师，等级在21～30级且段位在黄金3级及以上的玩家可以收徒，师徒关系本身即意味着双方在游戏中地位的不平等。一旦拜师，除非选择解除师徒关系，否则玩家的数据库里会一直显示出这种关系。女性青少年玩家则很少有这种顾虑，一则大部分女性玩家只是以娱乐和社交的心态玩游戏，对于游戏技能并不是非常看重；二则网络游戏自来被认为是男性主导的场域，女性在其中属于弱势群体，女性玩家拜师较容易克服自尊心的障碍。

作为一种现实补偿的符号象征

部分青少年玩家将师徒关系作为一种可以炫耀的社会资本，用以满足个人心理需求，尤其是对于一些在现实中相对弱势的青少年而言，游戏中的师傅身份赋予了他们更多心理上的满足感，成为一种对价酬偿。

"我收徒弟都是别人加我的，我还要挑一下，选女玩家。我收了8个了，只有一个是男的，把他们都带出师了。打的时候带他们，私下里也会教他们，也会跟他们聊天，会问下互相的情况。"（M23）

玩家M23在同龄人里面算技术比较好的，已经得到600多个MVP（Most Valuable Player，即最有价值队员，每场比赛评选一个）称号。他在游戏里收徒主要是为了结交异性朋友，用他的同学M18的话来说，"他就每次都去找妹子，大喇叭里全服都能听得到，说找妹子处对象什么的"。M18的话未必完全属实，但M23承认他收徒弟基本只收女徒弟，并且不仅在游戏过程中带徒弟，私下里也会跟她们传授经验或聊天。玩家M23来自外来务工人员家庭，个头不是很高，成绩不太好，从现实条件来看，生活中的他在争取异性好感方面没有特别的优势，但他利用自己游戏玩得好，转而在游戏中通过建构师徒关系接触更多异性。与现实中"以貌取人""以家庭地位取人""以分数取人"的评判标准和利益优先的人际交往原则相比，网络游戏为缺少社会资本的青少年玩家提供了更公平和更广阔的发挥空间，让他们可以通过自己的努力得到想要的社会认同，包括尊重、依赖和爱。

作为一种攀比方式的授徒行为

此外，我们在访谈中还发现一个有趣的现象，青少年玩家在师徒关系建构上存在一种攀比心理，其他人尤其是比自己弱的玩家如果收徒，会刺激他们进行同样行为以表现自我，获得自我认同。

"当时管公会的时候，我们家族的人有一些投了一点钱，我就跟他们说怎么玩，按我说的方案他们战斗力在整个区排得也很高的，然后就叫他们带一些人玩副本。那些人就收徒弟，那我也就收徒弟。投钱有投钱的玩法，不投钱有不投钱的玩法，你投钱只是把不投钱的人的时间给提前了而已，你可能要花一个月的时间，他们投了钱的可能只要花一周就可以了。我就跟他们说，你们现在做什么事情会比较好一点，什么时候用道法会比较好一点，他们也按照这个做，按照我说的这个做都是不会有太大的问题的。当然，跟跨度比较大的人没法比，别人是V10，你只是个V5，你打不过很正常。但是按照我说的一些方法，V5打得过V8是有可能的，因为他们有些投钱投到了别的地方，不一定花了钱就一定比别人好。"（玩家M15）

"他们在玩的时候就会一直叫教他们的人为师傅，这样会显得比较亲切一些。赢了他们就会投射一些仰视的目光，就会觉得我这个人很厉害，会表示很感谢，说一些感谢的话。比如别人问他'你V1怎么道法这么高，我怎么不行啊'，他就会说'我师傅教的，他很厉害，你们可以去问他'。这就很尴尬，因为别人来问的时候我其实不想回答，但是我还是会跟别人说，就导致浪费了很多时间。"（玩家M15）

玩家M15并不是一个非常热心的人，他只在无聊没事做的时候会帮助游戏中的陌生人。M15之所以收徒，主要是出于攀比和不服气的心理。从心理学上看，攀比行为源于个体潜意识里的动物性，是一种本能的显示竞争能力、不愿落后于人的行为。根据心理学家费斯廷格的理论，"比"是一种近乎本能的活动，个体是在不断与他人进行比较的过程中实现对自己价值的认识的。[①]经M15指导的人民币玩家在战斗力提高后开始收徒，他因此感到不平衡，于是也开始收徒弟，并且只收非人民币玩家为徒，表现出明显的竞争较劲心理。他利用自己在网络游戏中积累的经验和技巧，告诉徒弟应该做什么和怎么做，帮助徒弟赢得超越他们等级的胜利，同时也收获了其他玩家的尊重和崇拜。从玩家M15的例子可以看出，他将师徒关系看作一种社会比较的手段，"师傅"这一符号不仅是帮助他在虚拟空间占据和其他玩家同等位置的工具之一，也让他的声誉在游戏玩家之间慢慢扩展。

对待亲密关系的态度

身处虚拟世界，玩家对于亲密关系的看法也与现实世界中有所不同，既带入

---

① Festinger, L.(1954). A theory of social comparison processes. Human Relations, 1954,(7):117−140

了现实中男女平等的看法，也以一种戏谑的姿态对待这种虚拟的亲密。

即使虚拟，也应平等且独立

"我觉得男生玩女号没有什么问题，我并没有什么特别反感。但是有那些人结婚养小孩，我觉得他们在里面首先就不平等，完全让男生养女生，都是玩游戏的，何必呢？对不对。因为有些女号在里面征婚，扮可爱、装嗲，然后就开始求老公，求对我好的，求那种给零花钱的什么的。我觉得这种一开始上来就不平等，一个养一个没有道理，如果对面是个男的，你不是要崩溃？所以我比较反感这种。我比较倾向那种，男号女号玩着玩着比较投机，就好像加个微信，大家聊一聊，那样子可以，玩得比较好，顺带结婚，并没有一定利益关系在里面。"（玩家 M16）

"这个（指没有跟结婚对象见面）也可能跟我的性格有关吧，我知道有很多女生，玩游戏结婚，为了让男的送她点好看的衣服啊装备啊，但是我觉得没必要啊。"（玩家 F5）

玩家 M16 主张游戏中的性别平等，反对女性角色凭借性别优势在婚姻关系中寻求利益，倾向于夫妻之间在情感互动基础上发展亲密关系。玩家 F5 崇尚独立和自主，认为没有必要依靠男性获取装备或宝物，因为"想买的东西可以靠游戏内的金币慢慢攒"（玩家 F5），她希望通过自己的力量慢慢实现游戏成就。

另一位女性玩家 F2 是高三学生，接受访谈时刚刚结束高考。她在男女感情方面一直比较谨慎，曾有喜欢她的男生送她《王者荣耀》里的皮肤，她不愿意接受，但系统规定赠送的物品不能退还，过期不领取就会自动销毁，因而她只能请别人给这个男生回赠了一个皮肤，并表示"很无奈"。她不愿意随便接受别人的馈赠，因为在熟人之间，即使是虚拟世界的馈赠也蕴含着现实的情感，她清楚知道自己不能回应这种情感，平等交换是委婉拒绝并且为双方保留情面的最好方式。

M13、M25 等中学生玩家普遍将浪漫关系的建立视为一种获得特定技能、武器或权限的游戏玩法，但大部分成年玩家已经意识到这种关系的特殊性，他们在对待这种关系时更强调回归婚姻的本质，即双方从充分的符号互动中发展出感情再结为夫妻，并且这种感情中不掺杂太多的利益因素。

对于"秀恩爱"的不同玩法

对于玩家而言，游戏的主要功能是消遣放松。因此，不少玩家会将情侣关系和娱乐结合起来，以戏谑的态度重新定义情侣关系的含义，将其作为标榜个性、追求自我的一种方式。

"我和我室友是有一个情侣的标志的。我们俩进去时是情侣，那他们就会说情侣必须死，然后我们就会在里面故意表现出我不去救他的感觉，是为了娱乐自己，也是为了娱乐其他的游戏玩家。"（玩家M27）

"我碰到过同性的玩情侣，两个同性的，就XXX和他哥，一个玩紫霞，一个玩至尊宝。他们就骗我们，在里面秀恩爱。"（玩家M28）

黄厚铭将网络上的人际关系比喻为一场探索自我认同的游戏，指出在虚拟世界中，人们逃离了日常生活的脉络，在探索自我的经历与脉络之中重建行动的意义。[①]上述青少年玩家对待情侣关系的态度反映出这种重建行动的意义。他们颠覆传统的情侣观念，不仅通过性别转换和现实中的同性朋友扮演情侣，而且故意背离情侣之间理应恩爱互助的传统价值观，操作游戏角色在行为上作出相反表现，以此获得解构传统的快感。即使玩家M28提到情侣在游戏中秀恩爱，也并非真正的恩爱，而是同性玩家借助情侣身份故意戏弄其他玩家，或者可以称之为他们和其他玩家的一种游戏方式。

---

① 黄厚铭. 网路上探索自我认同的游戏. 教育与社会研究. 2002,(3):65–106.

第三章　春风得意马蹄疾：游戏中的成就感与权力体验

第一节　自信满足的"我"

　　玩家进行网络游戏行为的动机有很多种。最早研究网络游戏动机的西方学者之一巴特尔，根据游戏动机将MUD玩家分为成就者、探索者、社交者和杀戮者四类。[①]在他的研究基础之上，Nick Yee对角色扮演类网络游戏玩家进行量化分析，认为玩家的游戏动机可以归纳为以下三种：成就型，追求虚拟世界中的荣誉和成就；社交型，热衷于在游戏世界中进行社会交往、拓展人际网络；沉浸型，沉迷于虚拟世界借以逃避现实生活中的问题与麻烦。[②]苏芬媛认为MUD玩家存在自我肯定、匿名陪伴、社会学习及逃避归属四种使用动机，其中自我肯定的动机意味着玩家希望在游戏中证明自我的能力，享受达成任务升级的成就感并借以满足支配的权力欲望。[③]才源源、崔丽娟等人的研究发现，青少年玩家从游戏中寻求的心理需求依次为人际交往与团队归属、成就体验、现实情感补偿与发泄。[④]由此看来，追求游戏虚拟世界中的成就感是玩家玩游戏的重要动机。具体来看，玩家的成就

---

① Bartle, R., Hearts, Clubs, Diamonds, Spades:Players Who Suit MUDs. The Journal of Virtual Environments. 1996, No.1.

② Yee, N.Motivations of Play in Online Games. Cyberpsychology & Behavior. 2006,6(9):772−775.

③ 陈怡安. 线上游戏的魅力——以重度玩家为例. 高雄：复文出版社，2003:76.

④ 才源源，崔丽娟，李昕. 青少年网络游戏行为的心理需求研究. 心理科学，2007(1).

感主要来自逐渐成长的角色、竞争的胜利和来自他人的赞誉与认可。

角色成长中的成就感

当互联网使用者在虚拟空间中固定使用一个代号或昵称后，伴随这个代号与其他代号之间的长期互动，这个代号会慢慢具有自己的网络身份，拥有自己的独特属性，并发展出一个属于自己的人际关系网络。[①]网络游戏玩家的角色扮演就是这样一个代号"拟人化"的过程。玩家刚开始选择一个角色时，游戏角色的各种数值几乎为零，随着玩家投入游戏的时间、精力以及金钱的增多，角色慢慢成长，开始拥有更好看的数值、更酷炫的技能和更漂亮的服装，围绕在角色周围的人物也逐渐增多。在Zach看来，"游戏替身的行为通过互动界面与玩家联系在一起，它屏幕上的行为动作，它作为一个角色的胜利和失败，都来自玩家的具体操作。同时，替身又毫不含糊的是个他者，由于玩家个体的差异，替身受到不同的限制，也得到不同的解放和自由，他们因此比玩家独自能成就得更多，他们是超自然的个体代言。"[②]正是在这种既统一又分割的心理状态之间，游戏玩家，尤其角色扮演类游戏的玩家通过角色扮演体会到角色成长的快乐与满足。

在角色成长中，玩家提及较多的成就感受是角色能力的增强和虚拟及现实中的财富增加。

"主要开始玩这种角色扮演游戏，练某一个号，就觉得有一种养成的感觉，比如说练到满级，打到怎么样的装备，就有一种成就感在里面。然后这种成就感就会激励我继续玩下去，获得下一个成就，这就是不停地玩下去的动力。"（玩家M14）

"成就感来源其实有很多方面，团队合作是一个方面，你个人下技术是一个方面，然后个人角色成长也是一个方面。从一开始可能一两个小怪都打不了，到后

[①] 黄厚铭. 面具与人格认同——网络的人际关系. http://www.chinasl.com/shxzlk/ytw.htm. 转引自陈文江，黄少华. 互联网与社会学. 兰州：兰州大学出版社，2001:92.

[②] Zach Waggoner. My avatar, My self: Identity in Video Role-Playing Games. McFarland & Company, 2009:11.

面成长为很厉害的角色，我觉得这也是一种很强烈的成就感。这种成就感非常强烈，可能玩MOBA游戏的人体会不到。因为里面的人物跟现实一样，也有穿衣搭配之类，也有情感的。"（玩家M14）

玩家M14在两次访谈中都谈到了角色成长带给他的成就感。在他看来，将一个号从基本零基础的状态练到升等满级，从一个寂寂无闻的小角色变成一个拥有很多装备的厉害角色，这个过程本身充满了乐趣与成就，就仿佛看到自己在成长一样。玩家F7也将经营角色比喻为"养儿子"，她没事时就上网刷刷经验，坦言看着角色慢慢变强变酷，自己会变得开心和欣慰，觉得花在游戏上的时间和心血没有白费。作为玩家在游戏中的替身，游戏角色能力的增强是玩家与角色之间长期互动的结果，玩家在此过程中不仅积累起信心，更体会到一种成长的快乐。

同时，角色成长会带来相应的虚拟财富的增加，使玩家提前体验到对财富的掌控。通过角色扮演行为，他们享受到自由支配财富的快乐。

"像我们这种年纪是挣不了钱的，但是在那个游戏里面，你就可以获取金钱，可以有工资。我可以拿到钱，可以自己想买什么就买什么。它里面还有那种服装、道具、宠物的吃的等一些东西，买一些吃的东西，买一些装备，就感觉很开心。我会攒钱，把它存到银行之后还会收到利息，更多的是你通过完成任务获取的。你的金钱会不断地增加，看到那个数额增加，十万、十几万，就觉得很满足，就感觉我可以买很多很多东西，我想买什么就可以买什么，因为我钱够多，当时就是这种想法。"（玩家F3）

"成就很多，比如技能点上去，人物变强了；比如攒钱买了个厉害的宝宝；比如买了一套锦衣……反正好多。就感觉自己玩游戏赚的钱让自己变得越来越强，就很开心。然后就是梦幻币兑换成人民币了。我现在玩基本是5开，5个号在玩，也不是为了玩，游戏里的物品可以用人民币交易，主要为了赚点小钱。但也不是完全为了赚钱，毕竟是自己玩自己的5个号，然后活动会得到一些东西嘛，然后卖掉换成梦幻币，梦幻币再挂到藏宝阁卖掉就可以兑换人民币了。"（玩家F5）

网络游戏一般都设置了货币系统，玩家完成系统指定的任务后会得到相应的虚拟货币，玩家可以使用这些虚拟货币购买角色需要的服装、装备、技能等，这种货币收支系统使青少年玩家体验到他们暂时无法实践的"自己赚钱自己花"的自由感受。玩家只要在游戏中不断投入时间和心血，就可以看到角色所拥有的虚拟财富不断增长，还能够像F5那样将这些虚拟财富转换为现实中的货币。这让以学习为主业、主要依靠父母获得经济来源的青少年提前体会到劳动的艰辛，也提前享受到自由支配财富的快感。正因如此，玩家F3对她的虚拟财富非常看重，不到必须控制游戏行为的时候不会轻易卸载游戏。

"一般来说是不会轻易卸掉的，因为它里面有我的成果在，有我赚的钱，还有我所有的土地，我玩的这几款游戏都没有办法存档，存档要登录facebook，我没facebook，没有办法存档（的话），所有东西就都没了，所以不会轻易地卸载这个游戏，玩得也比较久。"（玩家F3）

此外，个别青少年玩家还能利用技术优势迅速实现虚拟财富的增长。玩家M4表示自己能够运用软件修改系统金币数据，这也是我们访谈的玩家中唯一一个使用"欺骗"手段获得成就的案例。

"我《狂野飙车》也没什么时间玩，但我车还是很多，而且金币也很多，因为我会修改。我就下了一个CE修改器[①]，把游戏里的金币给修改了，系统不会发现。CE修改器能修改好多个游戏，会用的人不多。有些内容我是从网上查的，比如说数值啊什么的，初始数值和第二次、第三次数值都是我从网上查的，但怎么用还是靠我自学，慢慢弄。小学里有计算机课，但从来不教这些。所以我现在金币根本不愁，别人大概花 24 个小时才能弄到 60000 金币，我现在只需要 4 分钟就可以搞到 1 亿金。"（玩家M4）

与其他玩家通过长时间的劳作或练习实现角色成长不同，玩家M4利用技术优势快速地实现了虚拟财富的增长，他甚至计划在淘宝网上开展这项业务。当然，这只是M4的想法而已，他在接受访谈的一个月后就随赴美访学的父母去美国读

---

① CE修改器（Cheat Engine）是一款内存修改编辑工具，用于修改游戏里的各种数据，例如金币、道具数目、疲劳项、血量等。

书，修改金币的业务自然搁浅。抛开这项技能的道德与否问题，从其讲述中可以感受到，M4 对自己的能力颇为自得，他强调自己是通过自学而习得这项技术的。即使是"不道德"的游戏技能，也能从个人能力方面实现玩家的自我认同，让玩家从中体会到成就感。

竞争中的成就感

基于动机的不同，玩家在虚拟世界的"乐不思蜀"有着各种各样的原因：有的沉迷于游戏角色的成长，陶醉在虚拟世界里的爱恨情仇中；有的喜欢在游戏中与新老朋友打趣调侃，在虚拟社群中经营特殊的人际关系；有的喜欢挑战，醉心于各种数字的增加；有的乐于享受，愿意沉浸在剧情、声光、动作组成的幻想空间。但正如玩家 M8 在访谈中明确表示的那样，"胜利才是游戏最开心的那一部分"，在游戏社交圈中，"晒成就"成为很多玩家表达自己、获取其他玩家关注的一种最直接的方式。在所有的动机中，竞争带来的胜利引致了最直接的成就感与满足感，玩家在胜利中产生愉悦的心情，形成对自己满意的认同感，从而产生"可以拯救世界的那种感觉"（玩家M27）。时代在变，但游戏快感的源头未变，它不仅来自游戏本身的乐趣，还来自周围人的认同与互动。成为朋友圈中拥有显赫成就的"高玩"，无疑是许多玩家拼命攒分的原动力。

"对我现在这个年龄来说，（游戏的乐趣）肯定是博弈嘛。因为玩这种电子竞技类的游戏，就相当于你跟对方一个个比拼嘛。是操作的比拼，不需要太多的钱。其实就是在游戏里找一种感觉吧，就是比别人厉害一点的那种感觉，比如说你从思维上战胜对方，就感觉有一种自豪感。"（玩家M8）

"击杀了大boss或者通关副本的时候会有成就感，比如《魔兽世界》的副本首通或者野图boss的首杀，这种是最有成就感的，要那种难度大的，或者很多人抢的。"（玩家M17）

"打副本输出伤害到后期，把他们的技能走掉，我一个人打死五个人，然后就赢了，就有可以拯救世界那种感觉。"（玩家M27）

　　Richard在分析游戏设计时指出，游戏系统拥有丰富且各具特色的动作程式，玩家经过练习掌握动作要点后，可以灵活搭配技能与装备，击败其他参与者来表示自己技巧高人一等，进而在游戏虚拟空间内证明自己的存在价值。[①]一旦玩家在对战中获胜，就能积累一定的点数或金币，拥有点数或金币数额越高，玩家在虚拟空间的地位也越高，能感受到更大的自我存在价值。因此，当玩家在竞争中成功战胜对手时，普遍会感到一种成就感和自豪感，感到自己充分发展和实现了自我潜能。

　　在竞争中挑战成功的快乐满足了玩家自我实现的需求。但玩家们普遍认为，竞争的快乐不仅来自胜利，更重要的是来自努力的过程，只要经过艰辛的付出，尽力去完成，即使输掉竞争也不妨碍玩家获得成就感。

　　"一般碾压对面的话不会很开心，感觉很无聊，对手没有反抗的能力，这就没有意思，反而不好玩了。但是如果我们一开始觉得要输了，但最后经过激烈的战斗反而赢了，那个时候是最开心的。"（玩家M15）

　　"虽然输了，但是你觉得已经打得很好了，虽然最后还是输了，但是还可以，已经尽力了。没办法，队友太菜没办法，或者自己还差点输出没办法。也有时候你打一把游戏，你前期崩了，后期赢了，然后就非常开心。你前期差距拉太大，后面赶回来了，最后又赢了，就感觉自信心爆棚，那时候感觉特别好，那时候是觉得最开心的。"（玩家M9）

　　"梦幻这个（游戏），我们参加了联赛，因为我们群里还是有'老板'的，所以装备也比较好，我们是32强，输的那把是输给了冠军队，那个真的是装备碾压，打起来身临其境，感觉到那种绝望。你打别人200伤害，别人打回来1000伤害，完全打不过那种，打得很辛苦。但是也没办法，游戏就是这样，你有钱、装备好你就比别人强对吧。人家充钱，你没充钱，那有什么办法。但是我们玩得还很开心啊，因为输他们正常啊，我们输了他们，没有人会说你们不行啊什么。就相当于是暂时输了。"（玩家M12）

[①]　Richard,R.Game design:Theory & practice. Plano, Texas: Wordware Publishing, Inc.

马斯洛于1954年提出著名的需求层次理论，将人的心理需求由下而上分为生理需求、安全需求、爱与归属的需求、被尊重的需求、自我实现的需求五种，之后（1970、1987）又补充了知识与理解的需求、审美需求、自我超越的需求三种。马斯洛在解释新增加的自我超越的需求时指出，超越的动机来自人类对于自身存在价值的一种渴望，一种完全贡献自己，投入正义、美、真理之中的需要。[①]他使用不同词语来描述超越动机对应的自我超越的需求：超个人、超人性、超越自我、高峰经验、高原经验等。[②]玩家在网络游戏中为了胜利奋力拼搏的情形符合马斯洛所说的自我超越的需求，玩家全身心沉浸在竞争过程中，体验到兴奋、充实、快乐满足的感受，至于结果反而是其次了。玩家M15、M9和M12在访谈中都强调了挑战难度的重要性。在玩家看来，和没有反抗能力的对手竞争不足以显示自己的能力，并不能带来很大的自我满足。只有和强大的玩家竞争，并且经过艰苦努力最后赢得的胜利才是最有价值的，能带给他们最大意义上的自信和成就。

此外，竞争中获得的成就虽然存在于虚拟世界，但成就的心理感受能够延伸到现实生活或虚拟世界的其他方面。

"这种角色的养成都是自己练上去的，自己练上去的角色可能更有成就感。就是游戏机制里的类似排名，到达某一高度，心里就会很爽，跟同学也能吹吹牛皮。我是在学习这方面不行，我只在能在虚拟世界里找找这种感觉。"（玩家M2）

"比如说你对面有一款很好看的皮肤，很贵，而且很难买到，特别引人注目，你就很想打败他之后再嘲讽他，有这种心态。有钱也没有什么用啊，也打不过我。我如果看到对面有一款很好看的皮肤，我就特别想打败他，因为游戏是公平的，我就想嘲讽他，有这种仇富心理。我如果自己有好看的皮肤，也会有人想来打我，但前提是他要打败你，他打败你才能嘲讽你，游戏就是这样。不然的话你嘲讽起来就很无力。"（玩家M8）

虚拟世界与现实世界存在一种酬偿关系，青少年网络游戏玩家能从虚拟世界

---

① Maslow, A.H. Motivation and Personality, New York:Harper & Row, 1970:42.

② Maslow, A.H. Theory Z. http://www.geocities.com/Yosemite/Forest/1670/maslow3.html, 2021-07-17.

中得到需求的满足，弥补其现实生活的不足。①玩家从网络游戏的人际互动中能够感受到现实生活中所缺乏的友谊，闯关、升级、打怪以及得到宝物的成就能够让他们体会到现实生活中难以获得的成功的感觉。玩家M2正是这样的一个范例。M2学习成绩不佳，他转而凭借更好的游戏操作技术和游戏装备不断升级，向其他同学炫耀自己在游戏中的成就，以此获得他人的称赞与肯定，从而满足自身对尊重和自我实现的渴望。

玩家M8体现的是另一种对价酬偿，他用游戏技能来弥补网络游戏中金钱投入的不足。按照是否投入现实货币参与游戏，玩家可以被分为"人民币玩家"和"普通玩家"两类。大部分网络游戏玩家尤其青少年玩家都是普通玩家，他们没有独立的经济来源，在游戏中的现金投入较少，因而在与人民币玩家的竞争中经常处于弱势地位。正因如此，玩家更看重个人能力，特别强调通过技术优势弥补个人在金钱方面的不足。

网络游戏离不开规范或规则的制约，在荷兰人类学家赫伊津哈的观点中，"游戏不仅受到特定的时间（游戏有一个起点，到了某一时刻，它又戛然而止，走向自己的终结）和空间（一切游戏的进行和存在都限定在事先划定的场地）的限制，游戏中也呈现出明显的秩序，遵循广泛接受的规则"。这种明确、清晰的规则保证了玩家在付出时间、精力等努力后，能够得到相应的回报，这也是网络游戏能够给玩家带来欢愉体验的重要原因。但人民币玩家打破了"耕耘"与"收获"之间的平衡，他们可以轻松获得普通玩家需要几十个小时才能积累起的金币，得到普通玩家难以企及的特殊虚拟物品，让普通玩家尤其没有经济实力的青少年玩家感到愤懑和不满。这时，有些玩家就会发挥技术优势，试图在游戏中击败对方，从游戏成就上获得自信与认同，弥补金钱投入不足带来的缺憾。

来自互动中的成就感

米德这样描述互动中的他人态度："一个人确实是通过感受他自己对他人的某

① 林雅容. 自我认同形塑之初探：青少年、角色扮演与线上游戏. 资讯社会研究，2009(16):197−229.

种优势来获得他的自我意识的，而且，在更加高级的各种条件下，它是一种不断转化成对个体在他自己的领域中所具有的能力进行恰当的、肯定的态度。"①无论是角色成长、权力体验，还是在竞争中获胜，游戏玩家从游戏中获得的成就感一方面来自自身的心理感受，另一方面来自在与他人的交往和沟通中，他人对待自己的态度。同学、朋友、队友，甚至对手的羡慕、崇拜和认可、感谢，都能够激发玩家产生成就感。

首先，个人能力强的玩家会因为他人的羡慕和崇拜而产生成就感。

"在学校时老同学经常叫我带他们，列表也有小迷妹，哈哈哈。一个好好的同学聚会，非要拉我去陪他们打游戏，说体验一下被带飞的感受，我也很无奈，哈哈哈，而且感觉有个打职业的同学，他们好像很自豪，说可以吹牛逼。"（玩家M29）

"朋友有时候会去那种会按游戏里等级打折的地方，问我借号，然后打折。也有崇拜我的。我上课听，学到了，下课基本都是在睡觉，同学都很羡慕我。在那边聊游戏，然后说成绩好像快发了。他们就都在那说什么这次考前没复习，一直在打游戏，有的说这次考差了。成绩一发下来，他们就又说你一直跟着我们打游戏，你怎么成绩还这么好。我这时候心里也没啥感受，不觉得骄傲啊，我比较谦虚。"（玩家M7）

如同他们描述的那样，玩家M29和M7都因为游戏技术好而经常被同学羡慕和崇拜，甚至成为同学的榜样和标杆。而其他人对一个人行为的持续赞同也就变成了对他的能力的尊敬，表现出对他在既定领域中的能力或他的一般能力的积极评价。在访谈中，玩家M29和M7虽然都对同学朋友表现出的这种积极评价表示"无奈"或"没啥感受"，但M29在聊天时连用两个"哈哈哈"，其实已经表达出他内心对这种积极评价的接纳与享受，被尊重的需求得到了满足。而玩家M7更直言"我就（是）那种十全十美的人"，成绩好、玩游戏也好的事实，透过同学的羡慕与崇拜产生双倍力量，使M7处于一种自尊、满足的心理状态之中。

---

① 乔治·赫伯特·米德.心灵、自我和社会.霍桂桓，译.译林出版社，2012年，第316页.

其次，团队行动中发挥出色、带领队伍赢得胜利的玩家，会从他人的认可与肯定中产生成就感。

"成就感体现在：赢比赛的成就感、队伍翻盘的成就感。还有，我是个指挥，指挥成功打赢一波团战就有成就感。胜不骄败不馁，队友和管理层对于个人的认可，还有被对手的认可。其实被针对也有成就感，如果你不够强，你凭什么让别人来针对你？"（玩家M29）

"还有你在游戏里完成一项或几项很厉害的操作，击退对方，当你操作秀出来的时候，队友就会夸你，然后你就会更自信。操作已经有点熟练了，自己的技术有点提高了，这种自信心会延续下来。"（玩家M9）

玩家M29刚从职业高中毕业进入电竞俱乐部。他所在战队拿过《王者荣耀》的城市赛冠军、省冠军和区域预赛亚军。（图3.10和图3.11）作为战队核心成员，M29凭借自己的能力获得队友、管理层，乃至对手的认可与肯定，进而激发出成就感，增强他走职业道路的信心。与M29相比，玩家M9的游戏技能不算非常好，但是当他在游戏中完成几项有难度的操作时，都会得到队友的称赞，这种称赞提升了他的自信心，激励M9继续练习并不断展示同类操作，得到更多认可与肯定。

图3.10　玩家M29代表战队发表获奖感言

图3.11　玩家M29所在战队获得省冠军

再次，积极发挥作用、帮助队友的玩家，能够从队友的点赞行为中获得成就感。

"最有成就感的就是我玩蓝色职业（坦克类职业）或绿色职业（治疗类职业）的时候，出门往往都会收获一个赞，就很舒服。本来就打得累，对方处理失误、操作失误，都是要我们两个功能性职业来弥补的，本来就打得比对方红色职业稍微累一点，确实拿个赞也是应该的，就像得到队友认可一样。我之前有一次打本，另外 7 个队友全都没玩过，不认识路，还有各种机制不知道怎么处理，然后我一路带着他们走完全程，boss 怎么打说一下，带路加解说，然后打完以后出来获得 7 个赞就很开心。这种就特别有成就感。"（玩家 M14）

在第二部分里面我们已经提到过点赞这一游戏行为。这种行为肯定了玩家在游戏中的辛勤付出，能够激发出成就感，使玩家得到一种心理上的满足。

此外，为了得到来自他人的正面态度和积极情感，玩家往往会选择自己比较有把握的网络游戏来确保成功。

"*DotA 2* 我是初二开始玩的，熟悉了一年，打到的所有物品，我都大概知道它的属性有什么用，我肯定记不住这个英雄的具体数值，但它有什么功能，大概眩晕多少，伤害多少，大概是知道的。这个过程用了一年，当然具体的实战经验一年肯定是不够的。所以可以说我在那边玩得比较精英的时候，如果再让我去玩同类型的游戏，再从零开始，我就会比较抵触吧，那样子会给人感觉我的阶级很 low，没有成就感，就没有这种玩的欲望。有成就感才能给自己玩游戏的时候带来愉悦吧。你啥都不会跑去给别人虐，就没有那种统治感，那这样自己也不开心，队友也会觉得'欸这个，算了不想带他了'。所以说我不想在不会玩的时候跟同学玩，然后让别人有种'咦，这个 *DotA 2* 玩家怎么这么废，不是说一下就上手吗？'这种挫败感我是不能接受的，所以说我就只玩自己一直熟悉的这种角色。"（玩家 M12）

利昂·费斯廷格（Leon Festinger）的社会比较理论认为，人们在对自己能力水平和观点进行评估时，往往选择与自己相似的人进行比较来确定自己的位置。[①]这样既能充分保证评估的客观性，又能在最大程度上使玩家获得满足。玩家 M12 正

---

① Festinger, L. A theory of social comparison processes. Human Relations. 1954(7):117−140.

是这种比较方式的践行者。M12 玩 *DOTA 2* 多年，他从之前的游戏经历判断，如果在没有充分时间熟悉的情况下去玩《王者荣耀》和《英雄联盟》这两款 MOBA 游戏，自己可能会因为操作不好而被其他玩家看低，新手和老手之间的差距会影响游戏的成功率。因此，他一直玩自己熟悉的游戏，只跟 *DOTA 2* 玩家比较，以保证成就感的获得。

第二节　傲娇威严的"我"

权力一直是哲学、政治学、社会学和传播学等学科领域关注的核心概念之一。面对网络社会的崛起，权力在网络空间中的生产、支配、交换以及其对人际、网际社会结构的影响凸显了新的特质。游戏世界是虚拟且自由的符号空间，玩家们在角色代号背后凭借符号互动游走其间，随时可以通过下线、关机和更改账号而抽身退出。因此，对于玩家而言，网络游戏中的权力主要体现在游戏社会的虚拟阶层上。在许多游戏尤其角色扮演类游戏（RPG）中，玩家建立的游戏组织会帮助创建者和管理者在虚拟阶层上占据地位优势。多位受访玩家都谈到了管理公会时所获得的权力体验。

"我创建过两个公会，第一个玩到后面，因为认识的人太多了，他们加入公会全是认识的人在一块，不怎么参加公会的事情，我就退出了那个公会，自己又重新创了一个。这个就发展得挺好，就一起打战队赛，一直升级，现在差不多 90 多个人。每天管理倒不用，但是会给他们最低的额度，比如活跃度，就是他们在游戏上的时间。活跃度低于多少的话肯定要踢掉的，要开除。就有这样一些小型的规定，有规则才能激励人，大家一起玩。一般每个战队都这样的，就是你加入这个战队有什么条件。如果想要一个战队变好的话，创立的人就要定一些这样的规定。如果别人加入你的战队，也没什么玩游戏的时间，就等于占了一个位置而没做什么事情。"（玩家 M8）

对于公会管理者而言，最初的权力体验体现在公会规则的制定上。公会规则属于契约性规范，适用于公会、帮派、战队等正式的游戏组织，是"由玩家提议，其他玩家赞同并自觉遵从而明确下来的非正式的规则，它们一经确定，便成为能够调节玩家行动的'外显'力量，影响和制约着游戏中的互动"①。玩游戏就意味着遵守游戏规则，因为"使游戏称之为游戏的物质性东西不是最重要的，游戏不是与特定的物质设备相连，而是与规则相连的"②。公会规则的制定是为了保障公会活动顺利展开，保证公会成员能够有序互动，公会能够逐步发展壮大。原则上公会规则可以由任一公会成员提议生成，但由于公会招募成员时需要明示公会的规章制度，因而规则一般都是由创建者和管理者制定通过的，规则的制定过程中即蕴含着权力。规则一旦明确，公会成员就必须严格遵守，否则会受到责罚或被踢出公会，因为触犯规则、无视规则的搅局者（spoil-sport）"破坏了游戏世界本身"③。玩家M8先后创建了两个公会，他在提到自己制定的具体规则时语气坚决，"要踢掉的，要开除""就要定一些这样的规定"，核心成员的权力感表现得非常明显。

规则制定之后，管理者的权力体验转移到具体的公会日常工作中。青少年玩家在承担管理职责时产生拥有权力的快感，并从其他成员对待权力的态度中感受到成就。

"我最厉害的时候可是副帮主哦，就是一人之下万人之上啊，哈哈哈，开玩笑。是在大学的时候，大一大二好像，我高中三年基本没玩，高考完就开始玩了。那时感觉很酷，很厉害的啊，认识好多的朋友。当副帮主要管理帮派，比如要接纳新来的人员，人员满了要踢出很久不上线的，也轻松的。有一种权力感，感觉自己有生杀大权。帮主信任我，给我副帮主的位置，我肯定得做点事，不能白占着个职位。我们帮派有个是我高中同学兼闺蜜，然后我当了副帮主，她有时候也

---

① 黄少华，杨岚，梁梅明.网络游戏中的角色扮演与人际互动——以《魔兽世界》为例.兰州大学学报（社会科学版）.2015,43(2):93-103.

② Juul, Jesper.Half-real:video games between real rules and fictional worlds. Sociological Review. 2006, 54(3):612-614.

③ 约翰·赫伊津哈.游戏的人文化的游戏要素研究.傅存良，译.北京:北京大学出版社,2014年，第12页.

会这么叫，有点小嘚瑟的，哈哈。"（玩家F5）

"我做管理贡献就好多。我主要是审核的，我开一个房间，让他过来跟我单挑，如果我觉得他厉害，我就到群里去批他，他就可以通过了。如果连我都打不过，就不要进来了。有种我就守住了这一个关口，觉得自己很厉害。"（玩家M10）

"以前玩《QQ飞车》的时候加入过一个车队，在里面是核心官员，前面还有副队长和队长。当核心官员挺酷的，很有成就感。我比较积极，我觉得对管理能力应该是有锻炼的。我是属于那种很专心打游戏的人，所以一般都闷着头刷级，然后加入车队后会组织各种战役，提高车队的排名。"（玩家F10）

"我玩角色扮演时也加了公会，那里有任务有奖励。积极性我还好，会去打公会怪。我在里面是副会长，副会长也没什么用，可以踢人，可以叫人过来打公会怪。我没踢过人，管也没怎么管。贡献高的话或者战力高的话会升上去，我也不知道我怎么升上去的。不过有人会叫会长、副会长，还蛮开心的。"（玩家M21）

"嘚瑟""厉害""酷""成就感"这些表达权力感知的词汇从青少年公会管理者口中依次蹦出。对权力的感知，一方面反映了个体对自己是否拥有权力的长期知觉，另一方面是在某些特定情境下感觉到自己拥有权力或缺失权力。[1]在一个游戏公会中，管理者需要招纳新会员、组织战斗、分配任务和装备，以及按照公会章程将长期不上线或不参与公会活动的成员踢出公会，管理者的每一项职责都帮助他们实现着权力感知。玩家F5担任帮会副帮主，纳新和踢人两项职责让她感觉"自己有生杀大权"；玩家M10负责公会成员的准入批准，他以单挑的方式决定玩家是否能够进入公会，感觉为公会"守住了这一个关口"；玩家F10的工作是组织各种战役，提高车队排名，这让她觉得"挺酷的"。无论使用哪种表述，玩家都在履行公会管理的职责中切实体验到权力带来的满足。更重要的是，公会成员遵守权力约定，听从管理者安排，并通过"副帮主""副会长"等称谓公开表现出对权力的尊重、敬仰和配合，不断唤起管理者的权力感知。

---

[1] 肖丽.消费者的权力感和价格参照来源对其价格公平感知的影响及其机制研究.复旦大学博士学位论文，2012年，第38页.

　　管理公会虽然和现实中管理一个具体的社会机构有很多类似之处，需要组织协调各类事务，需要和团队成员充分互动，管理者的权力体验也同样真实，但毕竟管理公会只是在虚拟世界里才能实施的权力，不能完全等同于现实权力。就我们的访谈而言，玩家在谈到权力体验时普遍表示不会将这种权力感带到现实世界里，从下面玩家 M21 和 F6 的表述中可以看出，被访玩家能够发现现实权力和虚拟权力之间的区别，并且虚拟的权力体验促使他们在和团队中其他玩家互动时产生成就感，增加了他们对现实中的自己的信心。

　　"对现实也有一点帮助，可以学会怎么分配任务。说一样也不一样，毕竟是在虚拟世界里，真实世界里还是有不一样的。我那个游戏里等级越高权限越大，会长叫你来，好像有一种设置，叫你来，你必须得来，系统直接就拉过来了。现实里叫你来，人家不一定会来。"（玩家 M21）

　　"在游戏中有时候可以 carry（原意为支撑，游戏里一般指带领团队取得胜利）一个团队，觉得自己很强。因为游戏里像《英雄联盟》，都是凭实力说话，玩得好自然可以指挥其他人啦，哈哈。而且《英雄联盟》里五个位置有分工的嘛，我打得最多的是辅助位，辅助位通常需要起到指挥大局的作用。这也会增强我在现实中对自己的信心，感觉可以去试试一些类似的管理工作。"（玩家 F6）

第四部分

玩之产业：边界模糊的竞技与娱乐

如果我们把视线从单个玩家扩展至整个游戏产业，一些职业群体的形象慢慢进入我们的视野之中。

游戏产业包括游戏开发运营、电子竞技赛事组织、游戏直播等多个环节，涉及职业电竞选手、游戏代练、游戏主播、赛事解说员等多种职位。他们以玩游戏为职业，尽力在竞技水平、直播水准和解说的专业度上树立标杆，同时也在个人特质与风格塑造方面寻找适合自己的表达，提升自我价值，享受游戏的乐趣。

第一章　电子竞技：你所不知道的日与夜

　　2003 年，国家体育总局将电子竞技列为中国第 99 个体育项目，电竞的体育属性得到了国家的正式承认。之后，随着《英雄联盟》和《王者荣耀》等电子竞技类游戏的日益流行，尤其是《王者荣耀》2015 年 11 月推出后的迅速走红，国内的电子竞技赛事也越来越形成规模，越来越规范。目前，国内比较成熟的电子竞技赛事包括世界电子竞技大赛（WCG）、《英雄联盟》全球总决赛（S 系列）、《王者荣耀》职业联赛（KPL）、《DOTA 2》国际邀请赛、《绝地求生》全球冠军赛、《守望先锋》联赛（OWL）等。电子竞技不仅进入职业教育、高等教育序列，也迈入传统体育赛场，作为一种新兴文化产业开始蓬勃生长。

第一节　电子竞技日益进入主流话语

　　作为新兴文化产业的组成部分之一，自 2018 年以来，中国电竞市场一直保持着较为快速的增长，2020 年整体市场规模达到 1474 亿元，电竞用户规模达到 5 亿。[1]产业的发展也带动电子竞技在教育、体育、职业认证方面日益进入主流话语。

---

[1]　艾瑞咨询.2021 年中国电竞行业研究报告. https://www.iresearch.com.cn/Detail/report?id=3770&isfree=0，2021−08−18.

开展专业教育

2016 年 9 月 2 日，教育部职业教育与成人教育司发布《关于做好 2017 年高等职业学校拟招生专业申报工作的通知》，公布增补 13 个普通高校高职教育专业，其中就包括电子竞技运动与管理专业。[①] 2017 年，锡林郭勒职业学院、四川电影电视学院开始招收该专业的专科学生。全国职业院校专业设置管理与公共信息服务平台查询的信息显示，截至 2019 年，在教育部正式备案、设置电竞专业的专科院校共92 所，分布在 25 个省、自治区和直辖市。电竞专业的本科教育也随之跟进。2017 年，中国传媒大学以数字媒体艺术（数字娱乐方向）的名称招收了第一届游戏策划和电竞管理本科学生，成为全国最早开始电竞专业教育的本科院校。中国传媒大学南广学院、上海体育学院等院校也紧随其后，相继开设了电竞本科专业。

组织专业赛事

2017 年，国际奥委会表态认可电子竞技是一项体育运动，亚奥理事会也宣布将电子竞技纳入 2022 年在杭州举办的第 19 届亚运会正式比赛项目中。2018 年，电子竞技以表演项目的形式进入雅加达亚运会，中国代表队在比赛中取得了 2 金1 银的好成绩。2021 年 11 月 5 日，杭州 2022 年亚运会组委会宣布，包括《英雄联盟》《王者荣耀》等在内的 8 个游戏项目正式入选亚运会电子竞技小项，将产生 8枚金牌。2021 年 11 月 6 日，经过 5 个小时的持续比赛，来自中国 LPL 赛区的 EDG战队 3：2 战胜来自韩国 LCK 赛区的 DK 战队，获得俱乐部队史上首座全球总决赛冠军。央视新闻、新华网等官方媒体也报道并祝贺 EDG 夺冠。或许从这个意义上可以说，网络游戏正在逐渐被主流话语体系所接纳。

展开职业认证

2019 年 4 月 1 日，人力资源和社会保障部、市场监管总局、统计局联合发布

---

① 教育部职业教育与成人教育司.关于做好 2017 年高等职业学校拟招生专业申报工作的通知. http://www.moe.edu.cn/s78/A07/A07_gggs/A07_sjhj/201609/t20160907_277984.html，2017−08−10.

了 13 个新职业，其中就包括电子竞技运营师和电子竞技员。这标志着电竞行业进一步职业化，也从侧面证明电子竞技作为新兴产业正不断走向成熟和规范。2021年，人社部首次颁布了电子竞技员的国家职业技能标准。电子竞技员被定义为从事不同类型电子竞技项目比赛、陪练、体验及活动表演的人员。按照每一等级应具备的职业技能，电子竞技员可以从低到高划分为五级/初级工、四级/中级工、三级/高级工、二级/技师、一级/高级技师五个职业技能等级，最高可以参评高级技师。

第二节　职业选手的真实画像

让我们先来看看部分杰出电竞选手的履历。

李晓峰（游戏 ID 为 Sky）：1985 年 5 月 16 日出生于河南省汝州市，2001 年成为 Home 战队主力之一，2004 年成为 War3（魔兽争霸Ⅲ：冰封王座）选手，2015年宣布退役并创办上海钛度智能科技有限公司，主营游戏装备。Sky 获得 2005、2006 连续两届 WCG（电子竞技世界总决赛）魔兽争霸项目冠军，被称为魔兽 "人皇"，成为第一个获得 WCG 冠军奖牌的中国选手，也是卫冕 WCG 魔兽争霸项目的世界第一人，并因此进入 WCG 名人堂，与 BOXER 等电子竞技前辈享受同等荣誉。2008 年，Sky 作为火炬手参加了北京奥运会的圣火传递活动。2017 年 7 月 19 日，在 OPPO 网易娱乐跨界盛典中，Sky 荣获 "年度最佳跨界电竞人物" 称号。WCG 联赛是当时电子竞技中最大的全球赛事，Sky 为中国拿到第一个 WCG 冠军，让五星红旗第一次飘扬在电子竞技的最高峰，也使电子竞技真正进入国内更多人的视野，为更多喜欢电子竞技的玩家提供了表达自我的渠道。

简自豪（游戏 ID 为 Uzi）：1997 年 4 月 5 日出生于湖北省宜昌市，曾是游戏《英雄联盟》中国区的电竞职业选手，前 SH 皇族电子竞技俱乐部 ADC 选手，RNG 战队 ADC 选手，2020 年 4 月宣布退役。2013 年，Uzi 第一次进入《英雄联盟》全球总决赛，在预选赛上使用暗夜猎手一战封神，却在决赛惜败，获得 S3 英雄联盟世界总决赛亚军。2014 年 Uzi 再次进入 S 系列比赛，获得 S4《英雄联盟》世界总决赛亚军。2018 年，他获得英雄联盟季中赛（MSI）冠军。2018 年 6 月，Uzi 入选雅加达亚运会的《英雄联盟》表演项目中国代表队，和队友一起夺得金牌。2018 年底，中国国际电视台评选了当年体育界 10 位杰出贡献者，Uzi 和姚明、武磊等著名运动员一起位列榜单，并成为电竞圈唯一一位获此殊荣的选手。

刘谋（游戏 ID 为 PDD）：1991 年 4 月 17 日出生，游戏《英雄联盟》电子竞技选手，前 NGG、EHOME 战队 LOL 分部队长，后转会至 Invictus Gaming（IG）俱乐部 LOL 分部，担任 IG 战队上单选手。PDD 曾获 2013 年 SWL 联赛第二赛季冠军，2013 年 IEM 新加坡站冠军，2014 年 LPL 春季赛亚军。2014 年，PDD 宣布退役，之后开始在战旗直播平台上进行直播，成为一名游戏主播。

根据人力资源和社会保障部的公开数据，我国正在运营的电子竞技战队（含俱乐部）有 5000 余家，电子竞技职业选手约 10 万人，电子竞技员的整体从业规模超过 50 万人。其中，电竞职业选手群体位于行业核心位置，也是最为大众知晓的电竞群体。相关调查显示，54% 的电竞选手年龄分布在 16 ～ 22 岁之间，年龄分布在 23 ～ 30 岁之间的电竞选手只占 26%，选手年龄普遍偏低。而且，电子竞技考验的不仅有选手的眼神、手速、反应和战略思维，同时还有选手的肩颈腰椎，甚至心血管的健康。因此，选手的职业巅峰期往往只有 16 ～ 20 岁，非常短暂。电竞职业也成为一碗名副其实的"青春饭"。

这碗"青春饭"虽然保质期很短，但由于回报相对丰厚，这些年还是吸引了不少青少年玩家前赴后继地踏入。根据《三联生活周刊》对西安一家电竞俱乐部负责人的采访，2017 年一线俱乐部的职业电竞选手，每月基本工资在 8000 元到 1 万元之间，热门电竞项目首发队员可以达到几万到十几万元月薪。[1] 这个数据与笔者在 2017 年获得的数据基本一致。笔者当年采访的一位职高毕业生，当时是武汉一家俱乐部的《王者荣耀》职业选手，每月收入是底薪 8000 元（不含奖金提成），包吃住。到 2021 年，职业俱乐部选手的收入有所下降，一般青训队员的月薪在 5000

---

[1]　李秀莉. 一个 17 岁少年决定从事职业电竞. 三联生活周刊. 2020(47).

元左右。如果能够上场成为参赛选手，工资至少达到 2 万元/月；如果实力超群能够成为一线队员，则保底年薪不低于 20 万元，上限可达数百万。^①但是，能够进入一线方阵的职业选手屈指可数，绝大多数职业队员每月收入在 5000 ~ 20000 元之间。

与这份不错的收入相匹配的是，职业俱乐部紧张又严苛的训练生活。职业电竞选手的培育，与韩国娱乐圈的练习生制度颇为相似，都有一套严格的作息时间表和训练计划。职业选手们通常住在别墅里，有专门的阿姨做饭洗衣，他们需要做的就是在训练室练习，为不同的游戏赛事做准备。选手们的一天往往是这样度过的：中午 12 点起床吃饭，下午 2 点到 5 点、晚上 7 点到 10 点训练，中间是晚饭时间，晚上 10 点到 12 点继续团队训练或者个人自由训练。如果适逢比赛期间，晚上 10 点后则是教练带着队员复盘当日表现。有的选手在打比赛之余还会从事游戏直播等其他相关工作，休息时间可能更晚。

单纯从训练时长上来看，选手们在俱乐部的工作时间差不多也是 8 小时制，但这 8 小时里他们需要全神贯注，从精神到身体都呈现出高度紧张的状态，因此也更容易出现身体伤病和心理问题等职业病。由于长时间打游戏，电竞选手会因为手指和手部高强度的重复运动导致腱鞘炎、手腕肿胀、疼痛，同时因为坐姿不佳、久坐少动造成颈肩腰腿的劳损，甚至造成肺塌陷。选手们最为严重的是腰椎和颈椎方面的问题，其中腰椎问题占电竞选手健康问题的 20%。实际上，许多知名电竞选手都伤病缠身，比如曾获得英雄联盟世界总决赛（S3、S4）亚军，加入雅加达亚运会《英雄联盟》总决赛表演项目的中国代表队，并和队员以 3∶1 战胜韩国队夺得金牌的简自豪（Uzi），因为长期熬夜、饮食不规律和压力过大、肥胖等原因患上 2 型糖尿病，不得不在 2020 年 23 岁的年纪宣布退役。

---

① 李娜. 电竞逐渐得到官方正名 打好游戏就足以成为职业电竞人了吗？ .news.cnr.cn/native/gd/20210317/t20210317_525438655.shtml，2021-03-31.

第二章 代练与直播：玩家的幕后与台前

如果说职业电竞选手是整个游戏产业中最亮的仔，那游戏代练就是隐藏在玩家之中，为游戏推波助澜的暗潮，而游戏主播则把电竞比赛变成一场带有娱乐性质的对局，以自己的方式带领玩家或游戏小白领略游戏魅力，甚至使其成为个人的脱口秀。

第一节 游戏代练：隐身于玩家背后的上分高手

游戏代练指在网络游戏中以收费的方式帮其他玩家练等级、刷装备的行为。在以竞争为核心机制的游戏世界里，不断提高自身游戏水平并从中获得成就体验几乎是所有游戏玩家的共同追求。然而，不论是在十年前盛极一时的RPG游戏，还是在当下炙手可热的MOBA类游戏中，都存在着部分玩家游戏时间、精力有限，或是自身游戏表现差强人意，不足以获得理想的游戏体验的情况。加之各类联机游戏排位系统、成就系统等相关游戏机制的完善，更强化了游戏的竞争性，提高了获取成就体验的难度。越来越遥不可及的排名、段位，自身驻足不前的游戏水平，社交媒体上随时可见的晒高分——种种因素相叠加，使得大部分游戏玩家仿佛不断被某种力量裹挟着向上，力图以各种方式为自身创造理想的游戏体验。而当常规的加大时间投入、刻意练习等手段不足以在较短时间内满足自身需求时，期望通过非常规手段提升自身游戏体验的玩家数量不断上升。在这种情况下，游戏代练的出现就显得顺理成章。

代练要求的变化

游戏代练的产生本质上是由于需求的存在。玩家有上分、刷级的需求，代练有以时间和精力的付出换取报酬的需求，二者相互交易，各取所需。《梦幻西游》《永恒之塔》等MMORPG流行时，代练主要是为玩家刷等级、刷金币和装备，或者为玩家过剧情、过副本，依靠付出时间和精力来获取经济利益，基本主要靠"肝"[①]。而近些年随着MOBA类游戏如《英雄联盟》和《王者荣耀》等的风靡，代练行业又有了新的变化。

专业性显著提高

以竞技为核心玩法的游戏对于玩家游戏意识和操作的要求远远高于以体验为核心玩法的游戏，因此，一位"称职"的、能够完成上分任务的代练，自身必须有过硬的游戏水准。部分代练人员的游戏水准甚至可以媲美职业选手。因此，当下的代练存在着一定的门槛，并非每一位游戏代练都可以凭借时间和精力的投入获取理想的劳动报酬。而由于联机游戏的胜负普遍存在着不确定性，有时即使是拥有着超高游戏水准的代练也无法确保胜利。

我们访谈到的一位是代练《王者荣耀》多个射手的国服选手。他这样谈到当初开始做代练的原因：

"因为当时打上了这个游戏的国服排名，被很多人加了好友，他们想用付报酬的方式让我帮他们打上相应的段位。"（代练1）

当被问及做代练的要求时，他表示：

"铭文需要齐全，英雄池无要求，对其他都没什么要求，技术强是硬道理。一分钱一分货，满足顾客需要。"（代练1）

---

① 肝：这里是网络流行语，指花费大量时间和精力玩游戏，因为经常需要熬夜容易伤肝而得名.

可以看出，在竞技游戏流行的时代，代练门槛已经随之提高到了专业级别。

平台性和组织性更为突出

代练要从事游戏代练工作，主要通过三种方式——自己单干，依托相关平台，投身代练组织。

选择自己单干的代练，又被称为"素人代""野代"。自己单干需要有强大的联络渠道和人脉网络，通常经过熟人介绍，通过微信、QQ等聊天软件与有需求的玩家联系，商讨每次订单的要求和报酬。选择单干，意味着要自主承担接单的压力，还要承受无法完全规避的酬金难以保证的风险。同时，完全单干还意味着难以确保收入和劳动时间的稳定，这在一定程度上增加了代练的心理压力。并且，随着电信诈骗的日益猖獗，网络世界的互相信任愈发不易。不论是对于选择代练的玩家，还是对于选择接单的代练来说，不依靠第三方平台的约束和规范进行经济交易，都存在着无法忽视的风险。因此，出于接不到单、价格太低、风险太高等原因，目前选择自己单干的代练越来越少。

更多的代练则选择依托某些平台从事代练活动。依托代练通、代练妈妈等平台后，第三方平台不仅会从购买者用于支付代练服务的款项中抽取分成，还会向代练预收取一定金额的安全保证金和效率保证金，以保护号主的账号安全，并严格管控代练的服务质量。如果代练无法按时按质完成既定任务，将受到平台方的额外惩罚。当然，关于代练违规细节的评定，也由第三方平台给予最终解释权。随着游戏官方对代练的打击越来越频繁和严厉，这些提供代练接单服务的第三方平台大部分都销声匿迹了，代之以"陪玩"为服务项目的第三方平台，如比心、TT语音等。这些平台提供不受官方禁止的各类游戏陪玩服务，但实际上游戏玩家也可以在陪玩平台上向陪玩咨询是否可以接代练单，实力较强的陪玩常常都会接单。

除了依托第三方平台外，有些代练还会加入某些专门从事代练服务的组织。这些代练组织通常是拥有自己网站或QQ群等联络工具的工作室或淘宝店铺，提供种类繁多的游戏衍生服务。这些组织通常负责和客户对接，负责替代练接单并和客户商讨服务细节，确定价格，并从代练的盈利所得中抽取一定的服务费。代练只需要按照店铺提供的信息提供服务即可。部分代练员从这些组织上接到订单之后，可能还会将一些无力顾及或利润不高的单子通过人脉网络进行二次分发，称为"转单"。而相当一部分小代练都会接这些二手单来获取一定的报酬。

全职代练的选择

只要具备一定的游戏意识和操作，或掌握某些难度低、上分快的游戏套路，很多玩家都可以成为一名兼职代练。在时间、精力富余的时候接上一两单，以此赚取零用的玩家大有人在。在享受游戏所带来的刺激和愉悦的同时，还能换取一定的酬劳，这样的事听起来就对所有爱玩游戏、会玩游戏的玩家有着难以抵挡的诱惑力。

而一旦要将代练当作自己的主要或大部分生活收入来源的时候，情况就发生了变化。

"职业化代练的话，一个讲究信用度，一个拼硬实力，电子竞技偏向的就是个人实力。水平很高的人能挣到使生活质量大幅提高的程度，水平低的人只能当作休息时间赚一顿饭钱这样。"（代练2）

代练这一职业看似是兴趣和职业的完美搭配，能让从业者在娱乐中获取报酬。但实际上，当代练以完成任务、获取生计为由去打游戏时，貌似一切都改变了。

首先，代练订单难度大、要求多。作为一名职业代练，常常会接到定制性极强的单子，其中会有名目繁多的个性化要求，如"接单后30分钟内上号开打""指定英雄""未达到胜率标准就不结算""一页4红3连跪（一页4红指6局中输掉4局，3连跪指连输三把）扣效率金""只能晚上10点之后打""只要男生打手""接单10分钟内联系号主"等。这些要求看似并没有特别刁钻，但对于代练的专业能力、心理承受能力等都有着一定的考验。在某些极端情况下，代练甚至会因完不成任务而倒贴钱。除了单子本身要求所带来的代练难度提升，联机游戏的随机性和特殊平衡机制也变相提升了代练的难度。以大部分MOBA类游戏为例，其匹配机制使得高水平的人更容易同时匹配到相对高水平的对手和相对低水平的队友，以此使游戏全局胜率维持在50%左右。因而代练水平再高，也会有失手的时候，这并非他们主观能够控制的，而是受到游戏机制的限制。

其次，作息难规律，健康难保证。联机游戏具有实时性和连续性，一旦遇上时间紧、任务重的代练任务，专职游戏代练顾不上吃饭就是常事，而且时常在电脑前一坐就是十几个小时，有时甚至半夜也得加班加点地打单、做任务。不规律的工作时间、难以完全控制的工作时长、长时间接触电子设备……这些都不可避免地对职业代练的身体健康产生了影响。近几年来从事游戏代练而猝死的案例也不在少数。

再次，权益难维护，收益难保障。现在的全职代练，绝大部分都选择了依托平台或相关渠道组织提供代练服务。因此，全职代练到手的收入要经过平台或是渠道组织的分成。加之近年来选择从事代练行业的人越来越多，兼职代练与全职代练之间、全职代练内部，都存在着越来越激烈的竞争。而代练服务本身不具备太强的独特性和人员黏性，只要有能力，谁都可以达到相应的要求，这在一定程度上形成了代练行业的"内卷"，也造成了供给大于需求，从而导致代练服务价格降低、代练员获利减少的结果。而代练对第三方接单渠道的过度依赖也加剧了第三方对代练员的剥削和压迫，订单要求越来越苛刻，各类组织的分成比例也在上升，渠道掌控者与代练员的地位愈加不对等。同时，代练这一职业具有一定的特殊性。代练行为不受官方认可，甚至会被严厉打击，代练员在大部分普通游戏玩家的眼中也被视作健康游戏环境的破坏者，因而在合理维权上也会受到一定限制。

当兴趣与现实交轨，所得与理想却难以匹配，甚至在受到不公正对待时也难以维权——这就是职业代练行业的现状。综合来看，能够使自身游戏技能和劳动投入高比值变现的人是少数，站在代练行业金字塔顶尖、大量获取行业红利的人更是少数，而绝大部分人还是无法通过代练实现理想中的经济自由。

第二节 游戏直播：被围观的对局与被欣赏的表达

与代练员隐藏于玩家身后不同，直播行业的发展将玩家的游戏行为推到了大众眼前，让网友能够直接目睹整个游戏过程，并通过游戏主播对游戏进程、玩家表现、双方技术水平的优劣等有更细致的了解。

游戏直播行业的兴起与发展

我国游戏直播市场的发展可以分为四个阶段：2013年之前是萌芽期，随着电子竞技的发展，视频网站和语音平台开始打造自己的直播子系统，以直播的方式吸引更多玩家关注专业电竞赛事；2013—2014年是增长期，各平台旗下直播子系统开始独立运营，形成虎牙、斗鱼、战旗等一批最早的直播平台；2015—2018年是爆发期，移动电竞的风靡推动直播市场进一步发展，除了虎牙和斗鱼等早期直播平台，熊猫TV、企鹅电竞、CC直播，以及龙珠直播、触手直播和狮吼直播等直播平台大量涌现；2019年至今是成熟期，直播头部平台已基本形成，B站、快手和字节跳动等视频平台游戏直播业务快速发展。

2020年，中国整体游戏直播市场的规模达到了343亿元，比2019年增长32.95%；游戏直播用户规模为3.55亿人，较2019年同比增长18.3%。虎牙和斗鱼作为游戏直播行业的头部企业，在中国游戏直播平台活跃用户规模TOP榜单上稳居第一、第二位置，共同吸纳了80%的活跃用户，占据了超过60%的游戏主播资源。[1]

游戏主播的现状

进行游戏直播或对游戏进行解说的玩家被称为游戏主播，主播在直播平台开设直播间，提供自己进行电子游戏的实时视频内容，吸引网友进入直播间观看自

---

[1] 艾瑞咨询. 2021年中国游戏直播行业研究报告. https://www.iresearch.com.cn/Detail/report?id=3829&isfree=0, 2021-08-17.

己玩游戏。小葫芦大数据平台监测数据显示，2020 年加入公会的主播总数约 83.3 万人，其中游戏主播 58.6 万人，占比 70.4%，比 2019 年增长 12.7 万人。

游戏主播的入门门槛并不高，一台电脑、一个摄像头和一个麦克风就可以进行直播，但要想脱颖而出，积累更多粉丝量，则需要主播有自己的独到之处，比如高超的游戏技术和良好的沟通技能，富有特色的语言艺术，或出众的颜值，甚至某些才艺，等等。实际上，相当一部分游戏主播尤其头部主播都拥有电竞职业经历。

一般来说，游戏主播主要分为两类，一类是技术类主播，一类是娱乐类主播。技术类主播通常段位较高，游戏技能掌握较好，可以在游戏过程中分享自己对这款游戏的理解，对如何玩好游戏进行较为详细的解说和指导。新手玩家往往会看一些这类主播的直播，以尽快熟悉并掌握游戏玩法。娱乐类主播的主要目的则不在于教玩家如何玩游戏，而是让观看者开心。他们往往在游戏中有一些另辟蹊径的操作，有时辅以个人才艺，并且在直播时有非常明显的语言风格，或犀利、或幽默、或搞笑，以此吸引网友包括非玩家的观看。

游戏主播的收入大致分为四块。

平台签约收入，即主播入驻直播平台的签约金，这部分收入一般只有头部主播才会有。2016 年虎牙曾花费 1 亿元签约著名女主播 Miss。

粉丝打赏收入，即粉丝为主播送的虚拟礼物金额，这是游戏直播运营最直接也是获利最大的一块收入。2020 年，各大游戏直播平台的总礼物收入高达 115.52 亿元，王者荣耀主播张大仙的礼物收入高达 7438.67 万元，在主播中排名第一。

淘宝带货收入，一些游戏主播在积聚相当人气之后，会在淘宝开设店铺，销售游戏外设（玩游戏必需的外部设备如游戏鼠标、机械键盘、耳机等）、零食、服装等，利用直播机会推荐自己的淘宝店。

商业活动收入，即主播参与线下游戏活动、商业演出、游戏代言等的收入。

需要指出的是，绝大部分游戏主播的收入只能来源于粉丝打赏，只有极少数头部主播才能够拥有以上四部分收入中的 3 ～ 4 块，且签约、打赏、带货及商业活动各类收入都还需要与经纪公司、直播平台、供货商等进行一定比例的分成，上述数据并非主播纯收入。不可否认的是，即便如此，头部游戏主播的收入依然非常高，但这部分主播数量很少，月均礼物收入超过 5 万的头部主播仅占主播总量的 0.2%，月均礼物收入超过 5000 元的主播占比仅为 1.3%。大部分游戏主播的直播收入都处于中低水平，无法凭借全职主播的身份维持日常生活。

游戏主播面面观

让我们来了解一下那些玩家们熟悉的主播吧。

小苍——不断奋斗的多面手

"小苍"原名张翔玲，电竞女选手、游戏解说、游戏节目制作者，1984 年出生于湖南长沙，毕业于北京师范大学影视传媒专业。2003 年，小苍加入 JH 战队，成为一名职业电竞选手，2004 年 11 月加入 Faith 魔兽女子战队。2005 年她开始担任游戏解说员，先后解说了 2005WEG 世界总决赛、2006WCG 世界总决赛、2009WCG 世界总决赛、2013 英雄联盟全明星赛、2014LPL 联赛等重要电竞赛事。2008 年，小苍以电竞选手身份被选为奥运会火炬传递手，成为国内唯一一个代表电竞行业持奥运圣火的女火炬手。2012 年，小苍创办 Loladies 女子职业战队，而后作为联合创始人成立 T-Rex 上海锐问。2015 年 9 月，小苍正式签约斗鱼 TV，一年后又入驻熊猫直播。2017 年 11 月，根据小苍真实经历改编的首部电竞题材热血电影《垫底联盟》正式上映。

PDD——明星选手的娱乐化转型

我们之前在介绍电竞职业选手时提到过 PDD，他获得过英雄联盟联赛的冠亚军，也拿过英特尔极限大师杯赛冠军。2014 年，PDD 退役后便开始做游戏直播。最初，PDD 走的是专业路线，讲解韩服高端排位，进行英雄教学，但后来他发现观众更喜欢他直播中的个性化语言，便开始向娱乐方向发展。PDD 在直播时总是能想起一些奇怪的生物，例如象拔蚌、皮皮虾、蛇等。他会将这些词汇很好地融汇到游戏对话中——"你在搞啥子哟，刚刚怕是在玩蛇。""走位，拿你的象拔蚌去走位。"这些对话虽然一开始让人莫名其妙，但回想起来又十分搞笑，让他的直播间经常充满欢声笑语。同时，PDD很注重和观众互动，非常能把握观众的心理需求，让人觉得和他沟通既真实又舒服。依靠职业生涯积攒的口碑和直播平台的推广，PDD很快便从明星主播发展成为超级主播。

梦泪——从人气选手到"梦老师"

梦泪的全称是梦之泪伤，原名肖闽辉，1997年8月出生于福建南平市一户普通家庭。他在大专在读期间被电竞星探发现并开始挖掘其电竞潜力。一次机缘巧合，他使用打野英雄的亮眼表现，获得了王者荣耀"AG超玩会"电竞俱乐部的青睐，并由此加入了王者荣耀初代电竞队伍，成为当时第一位王者荣耀电竞队伍中的明星选手，获得"2016年KPL职业联赛最受欢迎选手"和"KPL 2017年度最佳人气选手"称号。

2017年起，梦泪所在的电竞队伍状态持续低迷，梦泪也因此沉寂了整整一年。在2018年训练期间，梦泪在虎牙直播中创建了自己的直播账号，并依靠此前的战绩吸引了一批忠实粉丝，直播事业渐渐起步。当时他的王者荣耀直播是多分屏的，画面主体是游戏内部画面，而画面左侧一分为二，上面是他的脸部特写，下面是他的手部在手机屏幕上的操作特写。彼时不善言辞、羞涩面容，经常只打游戏不说话的梦泪主要通过直播向观众们传输他的游戏技术，并以此作为直播的最大卖点。

2018年，在历经了将近一年的王者荣耀直播锻炼后，梦泪从虎牙跳槽到企鹅电竞，入户首日直播观看人数达到了史无前例的2200多万，仅用一晚便成为企鹅电竞史上突破百万粉丝最快的人。2019年，梦泪的粉丝人数上升到企鹅电竞主播第一，被网友们冠以"企鹅一哥"称号。

梦泪直播成功的原因可以归结为以下几点。

1.初始粉丝基数较高。梦泪和一些成功从电竞选手转型的游戏主播一样，依靠原来庞大的粉丝基数起家，吸引到大批量的初始粉丝观看，相比其他从零开始的游戏主播而言，节省了大量前期粉丝培育和人气积累时间，为日后的涨粉奠定基础。

2.拥有顶级游戏理解及操作手法。身为前KPL职业联赛电竞选手，梦泪不俗的游戏操作和技术为他赢得了超高人气，也使他成为不少玩家学习的对象。他会在游戏中对职业级游戏机制进行剖析和细节展示，这是许多普通玩家身份的王者荣耀主播所欠缺的，尤其是每次大赛前期准备和失利之后职业教练对自己和对手往期对局实况的复盘会议，使许多电竞选手从中获取了大量详细而有深度的游戏信息。

3.轻松自然的直播氛围。在最开始的直播阶段，梦泪还是个不善言辞的腼腆小伙子，只是埋头操作，鲜与观众互动。而在之后的直播中，梦泪面对镜头变得越来越自然和放松，开始本着轻松愉快的心态对游戏实况发表时而有趣，时而精彩的言论，寥寥几句却韵味十足，充满了个人风格，自成一体。直播间弹幕也在有效管理之下，充满越来越多的友善言语，使直播氛围越来越好。

4.良好的正面形象。梦泪虽然身为游戏主播，但他对游戏有非常清晰的认识，经常在微博上与粉丝互动，引导青少年粉丝正确认识自我。其中一个案例如下：一位少年将梦泪奉为自己的偶像和人生目标，立志成为像他一样耀眼的电竞选手，并渐渐荒于学业，沉迷其中无法自拔。少年的家长无奈之下抱着试试看的心态私信了梦泪的微博账号，没想到得到了梦泪语重心长的答复。梦泪肯定了少年的志向，但同时也告诫少年，电竞圈远比他设想的残酷，不要孤注一掷，应该好好完成自己的学业，不要走他自己荒废学业的老路，这样无论追逐电竞梦想是成是败，都能够拥有一份可以傍身的学历谋生。在无数次与粉丝及其家人的互动中，梦泪虽无"传道授业"之实，却大行"排忧解惑"之事，凭借感性的文字和暖心的回复，渐渐被粉丝冠以"梦老师"名号。

此外，梦泪忠贞专一的爱情观也为他赢得了不少人气。他在2016年时因电竞结缘了女朋友兮兮，在四年多爱情长跑后，两人结为夫妻。面对女朋友因梦泪身份而产生的容貌自卑，梦泪并未盲目自大，而是真诚不虚伪地表露自己的爱意——"我女朋友也许不是最美的，但是是我最喜欢的，不比别人差"。在这个崇尚名气与颜值的时代，梦泪的爱情经历和爱情观无疑成为一股清流。

一条小团团OvO——游戏＋短视频＋唱歌的才艺主播

一条小团团OvO简称小团团，是一名《绝地求生》游戏女主播。小团团2017年初开始入驻斗鱼，和大部分游戏主播一样，一开始，她的直播没有什么人气，也得不到家人的支持，无奈之下只得放弃。2018年，小团团因伤住院。在养伤的日子里，小团团重新开始直播，每天十几个小时的直播强度为小团团带来了粉丝量的逐渐增长。随后，小团团将直播过程中有趣的内容剪辑成一个个小视频，配上自己的解说或歌唱发布到抖音等短视频平台。颇具个人特色的萌妹声音，令人欲罢不能的魔性歌声，愉悦轻松的游戏氛围使得小团团的抖音粉丝量快速增长。这也带动了她的直播事业。如今，她的斗鱼直播间有2186.4万关注者，已发布视频3432条，是名副其实的斗鱼吃鸡一姐。

小团团的成功主要得益于她对个人特点的准确把握和运用。

1.发挥个人特长，打造鲜明风格。小团团嗓音特别，声线软萌可爱，游戏水平一般，但很善于沟通。她充分利用自己的优势，直播时用略带湖南口音的普通话与玩家和粉丝频繁互动，在短视频作品中也很少出镜，而是用独特的声音和搞笑的言辞吸引网友观看。她经常和"仙叔叔""娜子"等主播组队玩《绝地求生》，队友之间幽默风趣的对话和游戏过程中搞笑愉悦的环境吸引了一大批注重游戏社交性和娱乐性的玩家，甚至有许多不玩游戏的网友也因为她蠢萌有趣的声音而被吸引到直播间。游戏主播中不乏技术一流的专业选手，但会唱歌、会搞笑，有趣且声音好听的女主播并不多，小团团这样另辟蹊径的主播使直播间充满了欢乐，满足了观众的多样需求。

2.勤奋多产，维系粉丝黏性。成功的主播，无论游戏主播、带货主播还是其他类型的主播，都是依靠一个个小时、一天天在直播间辛苦努力，才慢慢积累起庞大的粉丝群体的。小团团也不例外。她每天直播八九个小时，晚上再熬夜将直播中的有趣片段剪辑配音，发布到短视频平台。正是因为在直播间和短视频平台上的勤奋多产，小团团有效增强了粉丝黏性，使粉丝形成固定的收视习惯，对她的直播和短视频都充满了持续期待。

3.多平台扎根，相互引流。小团团抓住了这几年"短视频+游戏"的机遇，也充分意识到社交媒体的重要性，在多个平台都用心经营。除了斗鱼直播间和抖音账号，她还很重视微博、贴吧的运营，平均每两天发布至少1条微博。这些平台属性不同，受众群体也有差异，但共通的是，社交性都很强。从2018年8月在抖音发布第一条短视频开始，截至2021年8月24日，小团团已发布1467个短视频作品，获赞量高达10.5亿，抖音粉丝达到4356.9万。她在抖音发布的视频主要来自直播间的视频片段，因此，庞大的抖音粉丝群体很容易被引流至直播间，促成直播间的快速发展。而微博、贴吧的持续互动也进一步夯实了直播间和抖音的粉丝基础。

第三章　电竞解说者：个人风格与专业技术的交融

伴随专业电竞赛事和游戏直播市场发展的，是电竞解说员这一职业的崛起。电竞解说员是体育解说员的一种，也是游戏主播的一种，主要从事电子竞技比赛的解说工作。电竞选手在比赛中需要按照游戏规定完成各项操作，他们的对话与表达只能在游戏范围内完成，没有过多的个人表达空间。而电竞解说者通过自己的语言解读电竞比赛，作为一名观众，他们拥有更大的表现空间。

第一节　管窥电竞解说员群体

电子竞技专业赛事的数量和规模近年来不断地扩大。随着观众数量的急剧增加，赛事对于电竞解说员的需求也越来越大。作为电竞赛事的传播者，电子竞技解说员凭借其独特的解说风格和专业的解说能力收获粉丝与热度，同时对赛事发展起到一定作用。一个好的电竞解说员能够为赛事带来更多的观众，并且提升赛事热度。

据统计，目前国内电竞赛事专业解说员约有 1200 人。为了了解解说员群体的构成情况，我们选取了英雄联盟最高职业联赛（LPL）的 27 位专业官方解说员作为样本，来分析国内电竞解说员的基本情况。

性别构成：27 位电竞解说员中有 7 位女性解说员，占比约 25%；男性解说员

20 位，占比约 75%。这一比例与其他研究者的调查结果相近。有研究者对 100 位《英雄联盟》赛事解说员进行调查，发现男女解说员比例为 76∶24。[①]

专业程度：27 位电竞解说员中，近半数都有过职业电竞选手的经历。他们参加的比赛不尽相同，涵盖的游戏包括《魔兽争霸 3》《英雄联盟》、DotA 等。因为职业年龄限制、职业生涯不顺，或希望一种新的尝试等种种原因，这些电竞选手有的在职业生涯完整结束后退役转型为解说员，有的中途放弃职业生涯转而成为解说员。他们凭借深入的比赛理解和对场上局势的准确分析树立了"专业"的解说形象。

职业来源：十数位电竞解说员在担任解说员之前做过职业选手，而其他没有职业电竞生涯的解说员则来自各个行业或专业。其中，9 位解说员在大学毕业后加入电竞行业，从实习解说岗位开始一步步晋升至 LPL 官方解说。他们在大学期间就读的专业各不相同，且与电竞行业的联系并不密切，甚至是毫无关系，比如翻译、外语、医学等。这 9 位解说员要么是从业后通过某种渠道了解到电竞解说行业之后转行，要么是毕业后因为热爱直接加入电竞解说行业。此外，有 2 位解说员在转行电竞解说之前是职业战队的职员，解说员"记得"是前"闪电狼"战队的战术分析师，解说员"俊日"是前"WE"战队翻译人员。还有部分女性解说员之前是女团成员，退团后加入电竞圈。

从上面分析可以看出，电竞解说员的职业来源大不相同，不一定具有电竞行业相关工作经验，但无一例外的是，他们都是因为热爱电竞才加入解说员行业的，这也符合电竞解说员在解说台上富有热情的特质。

第二节　电竞解说员的外在形象

作为连接比赛和观众的关键人物，电竞解说员的穿着打扮、声音特质，以及

---

① 苏桂宇. 我国电子竞技网络直播解说员职业研究——以《英雄联盟》解说员为例. 成都体育学院硕士论文. 2017 年.

肢体语言构成了他们呈现在赛事镜头里的外在形象，也成为他们专业表达的一种外在体现。

服装

服装是电竞解说员给观众带来的直观感受之一，一定程度上也反映了公众和社会对于电竞赛事的态度。

下图展示了《英雄联盟》全球总决赛S3～S10解说员的服饰情况。（图4.1～图4.22）

图4.1　S3解说员服饰 ①

图4.2　S3解说员服饰 ②

图4.3　S3解说员服饰 ③

图4.4　S4解说员服饰 ①

图4.5　S4解说员服饰 ②

图4.6　S4解说员服饰 ③

图4.7　S5解说员服饰 ①

图4.8　S5解说员服饰 ②

图4.9　S5解说员服饰 ③

图4.10　S6解说员服饰 ①

图4.11　S6解说员服饰 ②

图4.12　S7解说员服饰 ①

图4.13　S7解说员服饰 ②

图4.14　S8解说员服饰 ①

图4.15　S8解说员服饰②

图4.16　S8解说员服饰③

图4.17　S9解说员服饰①

图4.18　S9解说员服饰②

图4.19　S9解说员服饰③

图4.20　S10解说员服饰①

图4.21　S10解说员服饰②

图4.22　S10解说员服饰③

由于拍摄角度以及解说台遮挡的原因，《英雄联盟》赛事解说员的服装主要表现在上半身。从上图中可以发现，男性解说员的服装从一开始以衬衫或衬衫加外套为主的风格递进到中式复古、马甲系列、西装领带系列，再变化到西装外套加T恤、衬衫加领带系列。服装的颜色一开始以黑白为主，后来添加了红色、灰色、蓝色，再递进到包括墨色、褐色、米白色、天蓝色等多种颜色西装的出现。女性解说员的服装从最开始的衬衫短袖为主，变化为低胸裙、抹胸裙、露肩裙等较为暴露的服装，再变化为中式旗袍裙、连衣裙等具有特色的服装。服装颜色的变化没有明显的规律性，主要以白色、黑色和淡蓝色为主。

《英雄联盟》全球总决赛（简称S赛）解说员的服装选择主要受到两方面的影响：一是比赛观众，二是比赛场地和比赛时间。S赛作为一项全球性的赛事，在S3～S10的八年时间里轮流在美国、韩国、德国、法国、比利时、英国、中国等地举办。解说员作为一个在比赛现场与他国交流的视窗，其穿着打扮也成为本国形象的一种呈现，承担着向现场观众传播我国服饰文化的职责。同时，解说员主要面向本国观众，穿着类似中山装、旗袍等中国传统服装能有效展示国家特色，引起中国观众的情感共鸣。在色彩选择方面，解说员服装受到比赛场地和比赛时间的限制。解说员要在屏幕中突出自身，需要尽量避开与背景色同色系的服饰。而比赛大都在晚上进行，所以解说员的服装色系通常以黑色为主，以配合蓝紫红的灯光。当解说员身着黑色服装时，往往会搭配浅色系的领带，领带上面通常有一些属于中国赛区的特色，如漫画或logo等，而紫、蓝等颜色的西装往往搭配白色系的短袖或衬衫，从而增加解说员形象在画面中的占比。

女性解说员在S4赛季里着装相对暴露，较多露肩和露胸的服饰，之后又舍弃这种风格，回归到较为正式和保守的女性服装，这反映了赛事主办方传播观念的变化。赛事早期，女性解说员人数较少，而观众中男性占比很大，赛事方认为相对开放的服饰选择更能吸引观众，因此出现了较为暴露的女性着装。但电竞比赛作为一项体育赛事，其关注的重心应该是竞技精神，而且观众中有相当部分未成年人，因此这类服饰在不久后就被替换。

声音

语速

决定电竞赛事胜负的因素较多，比赛过程中产生的小事件也很多，且在比赛的前中后期不同阶段，解说员需要传达的信息量不同，例如赛前需要口播广告、对两支队伍的情况做介绍，赛中需要分析局势、抓取团战，赛后需要对两队做出评价和总结等，因而解说员在解说语速上会产生较大变化。

下表是2020LPL（LPL，《英雄联盟》职业联赛）夏季赛半决赛和决赛的解说语速统计。可以看出，解说员在比赛的不同阶段语速差异较大，语速最快的时段是赛后，平均值达到328字/分；语速最慢的时段是赛中，平均值为312字/分；赛前介于二者之间，语速平均值为318字/分。传统播音语速一般在255字/分左右，而电竞解说的语速远快于传统播音语速，且解说团战时的语速最高达到了462字/分，这说明电竞解说需要传达的信息量很大，解说语速和比赛激烈程度成正比。（表4.1）

表4.1 电竞比赛解说语速

比赛名称	比赛阶段		
	赛前	赛中	赛后
2020LPL夏季赛决赛JDGvsTES第五场	306字/分	294字/分	282字/分
2020LPL夏季赛决赛JDGvsTES第四场	324字/分	258字/分	300字/分
2020LPL夏季赛决赛JDGvsTES第三场	312字/分	329字/分	342字/分
2020LPL夏季赛决赛JDGvsTES第二场	312字/分	342字/分	300字/分
2020LPL夏季赛决赛JDGvsTES第一场	350字/分	366字/分	372字/分
2020LPL夏季赛半决赛TESvsSN第三场	324字/分	276字/分	330字/分
2020LPL夏季赛半决赛TESvsSN第二场	324字/分	280字/分	359字/分
2020LPL夏季赛半决赛TESvsSN第一场	290字/分	355字/分	336字/分

语调

电竞解说员在比赛的不同阶段会表现出不同情绪，情绪会反映到解说语句的调性中，语调的转变能表达出解说员的喜怒哀乐。这种语调表达分为主动表达和被动表达两种，主动表达包括带动观众气氛、称赞选手等，被动表达包括对选手不可思议的操作发出感叹，表示赛场局势出乎意料，等等。

汉语语调和拼音系统息息相关，常说的汉语语调在拼音中的呈现主要是阴平、阳平、上声、去声四种，反映到句子中主要分为高升调、低降调、平直调、曲折调四种。

高升调句子开头低，结尾升高，通常表达疑问、号召、兴奋、鼓动、呼唤等语气，对于这种语调，电竞解说员常用的句子有"不可思议，这波团战居然打赢了！（兴奋）""这个蒙多怎么这么强啊？（疑问）""让我们一起为WE加油！（鼓动）"等。

低降调句子开头高，结尾降低，通常表达请求、肯定、祝愿、感叹、沉重等语气，解说员常用的句子有"这波团战打完基本上可以宣告EDG的比赛结束了！（感叹）""小狗倒了！（沉重）""熟悉的小虎回来了，春天来了。（肯定）"等。

平直调句子舒缓平直，通常表达严肃、庄重、平淡等语气，解说员常用的句子有"这波卡莎的站位太差了，他站在河道就是给对面开团的机会。（严肃）""只有两个小兵，选择三包二真的是想多了。（平淡）"等。

曲折调句子先降后升或先升后降，通常表达怀疑、讽刺、厌恶、意外等语气，解说员常用的句子有"卡莎飞啊！卡莎为什么不飞啊？（怀疑）""这波团战IG装备这么差居然能赢，我是没想到的。（意外）""说实话我觉得最近宝蓝的操作失误都能做成集锦了。（讽刺）"等。

电竞解说员在一局比赛里会根据比赛不同情况出现各种语调变化，语调的变化作为一个信号，能够为观众带来比赛的欢乐，营造积极的气氛。但有时候语调的变化往往是解说员个人情绪的表达，这种表达某种程度上会引起部分观众的不满，例如解说员偏向某一战队，对某位选手表达不满，等等。因此，解说员要尽量以中立客观的角度为前提进行语调变化，积极捕捉赛场上的信息变化。

音量

电竞赛事通常会有现场观众，解说员不仅要担当比赛评说的角色，还要承担烘托现场气氛的任务。因此，解说员需要在比赛开场部分尽可能地调动观众积极性，例如与观众进行回应互动。在这个过程中，解说员说话的音量需要尽量拔高，让观众融入激情的比赛之中。而在团战时，解说员更需要用洪亮的声音感染观众以及屏幕前的网友。

电竞解说的工作要求解说员的发音饱满、响亮，而说话的响度与元音息息相关，一句话中元音占比越多，声音就越响亮。因此，"强""开""啊""这儿""脏""很"等元音词汇会在开口呼时高频率地出现在电竞解说员的解说词中。开口呼更能体现声音的响度，解说员的激情在开口呼的配合下逐渐上升，有助于解说员烘托激情热烈的比赛氛围，观众会自动被这种激情和比赛氛围感染，达到良好的传播效果。

解说员的音量还和解说员自身的情绪高低，以及音色有关。例如昊凯的声音自带沙哑的感觉，所以即使他在团战中进行"断气式"解说时给观众的感染力很强，也不会出现音量过高的情况；管泽元出生于北京，发音时自带京腔的普通话很有穿透力，无论是音量还是音准都很高，所以即使没有太用力，他的解说也能产生高响度的效果；长毛来自台湾，他的声音具有特有的台湾式的沙哑，在音量上也不具备优势。

肢体语言

电竞解说员面对镜头解说比赛，带有一定表演的性质。解说员通常只有上半身出现在镜头里，因此，手部动作成为他们辅助解说常用的肢体语言。这些动作不会成为观众的焦点，多数时候辅助动作并不影响画面呈现，而是被观众忽略，但这些动作能很好地将解说员带入边思考边解说的状态，也可以帮助一些解说员缓解紧张的情绪。

有的解说员手部动作幅度较大。（图 4.23 和图 4.24）

图4.23　2020LPL夏季赛解说席

图4.24　2020LPL夏季赛解说席

"记得"（图4.23中）、"长毛"（图4.24中）等解说员在分析的时候会以较大的手部动作作为辅助，"记得"在解说比较用力的时候手臂会直上直下，"长毛"举例的时候经常会以手比物。这类解说员往往逻辑比较清晰，发言力度比较大，情绪较为饱满。

有些解说员解说过程中动作幅度偏小。（图4.25和图4.26）

图4.25　2020LPL夏季赛解说席

图4.26　2020LPL夏季赛解说席

"米勒"（图4.25左）、"娃娃"（图4.25右）、"瞳夕"（图4.26右）在解说时的手部动作幅度较小。"米勒"采用十指交叉贴合手掌的形式，解说过程中前后摩擦手掌；"娃娃"解说时基本以双臂交叉抱手的动作，偶尔将右手拿出来做一些动作；"瞳夕"基本采用手掌相叠放在桌上的形式，解说时在不改变整体动作的情况下微微移动双手。这类解说员通常解说经验比较老到，面对镜头时也比较放松，属于平实自然的语言风格，他们在解说时一般不会太用力，只是抓住比赛的一些关键点进行详细解读。

有些解说员会利用外部道具辅助解说。（图4.27和图4.28）

"多多"（图4.27左）、"rita"（图4.28左）都喜欢拿着笔做手势。

图4.27　2020LPL夏季赛解说席

图4.28　2020LPL夏季赛解说席

通过这两图可以看到上述解说员在进行观点输出时会把笔等道具拿在手上。这类解说员在面对镜头时通常较为紧张，解说资历不深，习惯用一些外部道具帮助自己保持镇定。"多多"的握笔其实是缓解紧张的一种方式。比赛过程中基本上没有解说员镜头，因此解说员可以在解说比赛的时候用笔记录一些关键节点和内容，以便在比赛结束画面转向解说席进行点评的时候提醒自己需要解说的内容，这个时候，笔成为解说员和解说内容的连接点。从解说员握笔这个动作，有时可以看出解说员对自己要表述的内容尚没有十足的信心，这个行为也是一种增加自信的方式。

第三节　电竞解说员的专业表达

相比外在形象，电竞解说员的专业表达是决定其职业价值更为重要的因素。解说员的专业表达可以从专业水平和解说风格两方面得到体现。

专业水平

电竞解说员的专业水平主要体现在三个方面：一是语言组织和表达能力；二是对游戏和比赛的了解程度；三是对于比赛的理解，这涉及解说准确度、用语规范和综合素质这几项指标。就此而言，当前电竞解说员群体内的专业水平和素养还存在较大差距。

解说准确度

一名优秀的电竞解说员需要在解说比赛前对双方战队和选手有十足的了解，包括观看两队最近的比赛录像，关注两队官方号最近发布的消息，等等；需要详细了解比赛版本的变化，包括装备改动、英雄强度改动等。在此基础之上，解说员在解说比赛的时候才能有足够的场外内容做补充，也能尽量减少失误。就LPL官方解说员群体而言，目前解说准确度还不尽一致，部分解说员解说比赛时失误频发，出现口误和准备不充分等情况。

口误在比赛场上时有发生，例如念错选手名、说反阵营、念错英雄名、念口播广告时出现错误等，这类失误通常和解说员语速过快，没有集中注意力有关，可以在同伴的提醒下及时调整回来，观众对这类失误的容忍度较高，弹幕对解说口误的讨论热度会在短时间内就停下来。

准备不充分则反映了解说员的职业态度不够端正，观众对这类表现的容忍程度很低。例如，前LPL解说员周淑怡由于对游戏内资源刷新机制的不了解，闹出了"水龙事件"笑话，导致网友质疑她的解说能力。此后周淑怡向赛事官方辞职。前解说员赵重越在解说《英雄联盟》S9小组赛时，认为UOL战队输掉当局比赛后就会"告别世界赛了"，然而UOL当时还有很大的出线机会。解说员在完全不了解赛制的情况下随意作出错误评判，也使其口碑跌落谷底。这些失误属于"错误"，反映的是解说员平时对比赛和游戏的功课欠缺，当这种错误出现时，任何小的槽点都会被放大，往往难以被观众原谅。

我国电竞赛事专业解说员的口语基础、逻辑能力、比赛理解能力、语言组织能力都有差异，电竞解说员的专业水平不是一日而成的，这受到解说员的职业来源、解说经验、个人经历等多种因素影响。

用语规范

专业水平的高低在观众心中是长期、稳定的印象，且无法在短时间内作出提升。而解说员用语规范问题是瞬时的、突然发生的，即使在观众印象里专业水平较高的解说员偶尔也会遇到此类事件。

用语规范问题产生的原因主要是解说言辞和观众普遍的认知出现差异。在单个个体眼里某句话是可以说的，但是放到解说台这个视窗下可能会冒犯到某些观众。例如，在2019LPL春季赛SN战队与RW战队的比赛中，解说员"记得"多次在知名选手SMLZ阵亡后调侃他的阵亡是"RW战队手刃叛徒的表现"，遭致很多粉丝的不满。此前，选手SMLZ从RW战队转会至SN战队，"记得"正是因此而调侃SMLZ在与RW战队的比赛中阵亡。但是对于职业选手而言，转会是很常见也很正常的现象，"记得"的调侃脱离了比赛本身，无端挑动对立情绪。虽然他在比赛结束后及时道歉，但还是对其名气和声誉带来了负面影响。前LCK（《英雄联盟》韩国顶级职业联赛）解说员"千寻"也出现过类似问题。她在2020LCK夏季赛T1对阵SB的比赛中，将著名选手Faker的操作失误点评为"智障操作"，缺乏对选手的起码尊重，且赛后道歉的态度不够诚恳，引起大批选手和俱乐部粉丝的不满。

如果说上述解说员的用语失范还属于赛场范围内对选手或俱乐部的不恰当点评，都还在可接受的范围内，那么电竞解说中有些用语错误是不能容忍的。当解说员出现犯罪、侮辱性质的用语时，他们也就基本告别了这个职业。S8小组赛GRX战队与SUP战队的一波团战中，GRX的剑魔挡在SUP的厄加特面前，凭借剑魔的复活效果使厄加特的大招失效从而打赢了团战。解说员MacT采取了非正当言论，将这种不惧死亡的做法比喻成革命先烈，引发观众的强烈不满。赛事组织方意识到问题的严重性，迅速将MacT撤掉，场间广告后，解说席由之前的三人组合变为二人组合。MacT在此后近一年的时间里都无法解说比赛，可见，对于解说员出现触碰职业底线的言语的处罚力度是非常大的。

目前，电竞赛事专业解说员还没有用于规范的统一标准，大部分规范都是约定俗成的，因此在用语规范方面还有很大提升空间。相对自由的语言环境并不意味着绝对的自由表达和个性化表现，电竞解说员应该以观众为传播对象，以媒体人身份要求自己，注意自己的一言一行。

综合素质

电竞解说员中不乏拥有高学历的本科、硕士毕业生，也不缺少清华、北大等名校毕业生，但总体而言，解说员受教育程度、文化程度影响所带来的综合素质还是有较大差异。一些文化程度相对较低，综合素质不够高的解说员不具备用比喻或典故把很精彩的画面描述到位的能力，也不具备在比赛结束后对该场比赛做全面总结或对比赛中反映出来的一些问题进行提升的能力。如果一个综合素质不够高的解说员和文化程度高的解说员做同伴，可能会出现没有能力和同伴接话的情况，使得整个对话过程不流畅。这种反差出现的次数增多会降低解说员在观众心中的评分。

解说风格

"风格是人们运用语言的产物，是在主客观因素指导下运用语言表达手段的诸多特点综合表现出来的格调和气氛。"[1]传统体育赛事转播以电视为视窗，面向的受众是每个家庭，跨越全年龄段，因此在解说词上的要求更严格，在语言的组织上更规范。而电竞赛事转播以网络直播平台为视窗，面向的受众是关注电竞的年轻群体，具有较明确的指向性。电竞解说员在语言内容上的自由度更高，组织语言的形式也更多样化。我国电竞解说员的语言风格大致可以分为平实自然类、激情洋溢类和幽默风趣类三种。

平实自然的解说风格

这类解说员以较为常规、通俗化的语言解说比赛。"雨童"、"米勒"、赵志铭和"小苍"都是这种解说风格的代表。

"雨童"在比赛中经常会使用不确定语句来对赛场接下来要发生的事作出评价。他在2021LPL的比赛上解说道："这波碰撞结束后Zoom是留了一个TP（传送）的，不知道这个TP能不能打出一个TP差来，如果这个TP拿来回线的话其实作用

---

[1] 徐莉，毕凤飞.主持人口语表达艺术.北京：中国广播电视出版社，2004年，第243页.

没有那么大，如果是等会儿小龙区的争夺，TP的作用就大了。"他以一个中立的角度分析可能发生的两种情况，既不把话说死又没有偏向任何一边战队。

"米勒"一直是解说界的标杆，他在比赛中经常会结合发生过的事件来评点当前事件。在2021LPL的比赛上，"米勒"讲道："上一把Cryin做得很好的一点是他的沙皇限制了Knight的发育，上一把Cryin的装备其实是压制住Knight的。这把他选了一个卡牌，他完全拿Knight的瑞兹没办法，就很容易养出一个怪物。"他通过前后两局比赛的区别来实时分析当前比赛形势产生的原因，非常自然地解释了RNG战队的劣势。

赵志铭因为有职业比赛的经验，喜欢实时分析场上局势，讨论该如何进攻或防守。他在解说2021LPL的比赛时提道："zs大招是用过的，现在动起来打架，EDG特别好打，主要是Scout这边有个牛头大招，可以直接先手开团，Estar这个先锋应该只能让。"他以一个上帝视角的教练姿态向观众呈现比赛，分析比赛可能出现的进展。

"小苍"凭借其制作的解说视频吸引了很多粉丝，而她在比赛解说席上往往承担的是补充说明、发表观点、更正同伴错误的角色，起到修饰和完善解说内容的作用。在2014《英雄联盟》全球总决赛SHR战队与OMG战队的比赛中，当同伴说"现在的辅助基本上都要拿一些找机会的英雄"时，"小苍"接着同伴的话讲到"对，现在很多辅助都是会去帮助打野之类的，跟着游一下，然后找一些机会，时光这个辅助有点软"，对同伴的解说内容进行补充和完善。当同伴说"刚才已经说过了SHR这波小龙团是绝对不能打的，这个装备和阵容上的差距已经是没法玩了"时，"小苍"更正"他们没有想打，但是无奈锤石表现太好"，既帮同伴不把话说死，又夸了选手，解说非常得体。

平实自然的解说风格在比赛的听感上较好，使观众对比赛的进程会有一个相对清晰的视角，但这种风格在比赛结束后观众回想时，不会让观众留下太深印象。

激情洋溢的解说风格

生动形象、充满激情的话语最能引发观众共鸣。回顾传统体育赛事，很多让人印象深刻的场面在解说员的渲染下更加深入人心，也造就了很多赛事名场面和解说名场面。著名内地足球解说贺炜在 2016 年欧洲杯葡萄牙夺冠时说道："这是值得葡萄牙足球纪念的一个夜晚，法兰西球场的烟火为冠军而点燃。这就是足球，无论有多少人支持，你始终要在场上为每一个支持你的人拼尽全力，这不在乎数量的多少，也不在乎是在哪块土地上。"短短几句话涵盖了对夺冠队伍的祝贺、对足球的看法和作为足球迷沉浸在喜悦中的感受，让无数足球迷为之动容。同为竞技赛事，电竞解说也一样。大部分电竞解说员都是因为热爱而从事这项工作的，他们的解说有激情、有感情，也留下了很多生动的场面。"昊凯"和"王多多"是这类风格的代表，他们在解说台上声嘶力竭、气宇轩昂，加强了电竞赛事"燃"的特性。

"王多多"毕业于中国人民大学，平时喜欢看书和写作，因为富有诗书气息的解说风格而被称为"电竞诗人"。他经常在解说台上通过特有的方式进行文化输出，比如在一波比赛高潮后即兴赋诗、以古人诗句形容比赛发生的场面等。在2019LPL春季赛 WE 对阵 BLG 的比赛中，他在团战中激情解说，最后以一句"一波 quatary kill 的贾克斯，如同天上降魔主，真是人间太岁神！"作为结尾，唤起观众对这名选手的赞叹，感染力极强。在《英雄联盟》S8 全球总决赛 IG 对阵 FNC 的末尾阶段，IG 战队即将拿下比赛胜利，"王多多"对比赛中大杀四方的 The Shy 所玩的"刀锋舞者·艾瑞莉娅"（游戏角色名）赋诗评价为"剑气纵横三万里，一剑光寒十九州"，瞬间全场沸腾，观众的热情到达高点。

"昊凯"在解说团战时非常卖力，经常在团战末尾时接近"断气"，被网友调侃为"一波团战送走了个解说""以生命在解说"。他在 2018MSI 比赛 KZ 与 RNG 的对决中，一口气解说了一波长达 50 秒的团战。在 S8 全球总决赛 AHQ 对阵 FW 的比赛后，同伴解说对他高强度地使用喉咙表示担忧，对他说道："你还好吗，你也太敬业了，你当时差点从这里厥过去了。"

通常越重大的赛事，解说员的激情越高，在解说时更能感染观众，使观众与解说在同一阵线感受酣畅淋漓的比赛。

幽默风趣的解说风格

有些解说员的风格偏向幽默风趣。他们能够把握比赛细节，发挥想象，适度延伸，用趣味、夸张、诙谐的语言来阐释比赛状况，舒缓比赛进展气氛，使观众观看比赛的同时也在进行一次"有趣的聊天"。"记得"、管泽元都是这类解说风格的典型代表。

解说员"记得"以前是台湾赛区的知名解说，有"台北快嘴一哥"之称，后转到大陆LPL赛区。他在解说中保持语速很快的同时也很喜欢开玩笑。在2020LPL春季季后赛FPX与JDG的比赛中，"记得"在团战时评论"这时候兰博大招过热烤掉了两个人，门牙剩下一丝血，女枪出来直接给一个啊哈哈哈哈哈"，"记得"模拟女枪（厄运小姐）在释放大招时的台词"啊哈哈哈哈哈哈"，产生非常戏剧化的效果，引发现场观众和直播观众满屏笑声。在2019LPL春季季后赛RW与SN的比赛中，他在描述一个英雄时说道："而且武器是有一个节奏感的英雄对吧，大家应该都玩过，就是咚咚啪、咚咚啪，我在打炮车的时候我一定会咚咚，然后等一下，一边打一边B-Box。"幽默的话语配合他特有的台湾腔给比赛带来诸多欢乐。

管泽元经常在解说比赛时被打脸，因此被网友称为"毒奶王""管理学"。他在解说时会大胆作出一些赛场预测，让观众看到他不停翻车、预测失败，也是一种戏剧化的表演效果，这种效果吸引了很多观众。

作为公众人物，解说员在面向一个广大的受众群体时，幽默风趣的风格更容易讨喜。观众需要在闲暇时间看比赛得到放松和快乐，这种风格的解说和观众的互动率高，观众在赛后的回访率也高。

第四节　直播中的电竞解说员

电竞解说员的主业是解说电竞赛事，但为了增加曝光率，他们大多还会以直播作为副业。解说员们每天花费在直播上的时间和在解说台上的时间相当。

从直播平台上看，不同解说员因为经纪公司或个人选择的不同，所属直播平台也不同。解说员的直播间主要分布于斗鱼、虎牙、B站三大平台，其中入驻斗鱼平台的解说员占比最大。

从直播内容上看，大部分电竞解说员的直播内容主要分为两块：一是日常直播，二是解说比赛。

大多数解说员的日常直播以播游戏为主，偶尔会播户外。例如，"rita"会经常和粉丝聊天，以弹幕互动的形式作为直播内容；"王多多"以播《英雄联盟》和Steam上的游戏为主，也会经常播放他自己参加的一些综艺节目片段；管泽元以播实况足球等主机游戏为主；"雨童"以播《英雄联盟》为主，经常会在直播中分析每支战队的晋级可能性。无论日常直播的是什么内容，解说员都非常重视与进入直播间的粉丝观众进行互动，尤其是进行弹幕互动。弹幕互动相比微博评论互动更具备实时性，且弹幕被解说员捕捉到的概率更大。根据对LPL解说员的直播观察，我们发现，所有LPL解说员在直播时都会与弹幕形成高频率的互动状态，基本上每5分钟内和弹幕互动超过3次。他们会及时回答观众提出的问题，也会捕捉一些比较有意思的弹幕进行反馈等。

赛事期间，赛事官方会在直播平台开放二路直播流，当天没有官方解说任务的解说员将被安排至二路直播流解说比赛，这也成了解说员们的直播内容之一。二路直播流会切掉官方解说的声音，只留有背景音乐和游戏音效。很多解说员会以几人抱团的形式在二路直播流进行连麦解说。连麦解说的形式给了解说员更大的话语空间，整体解说氛围趋向轻松的聊天式，解说的压力变小，幽默度增加，解说员之间开玩笑的频率更高，且每个解说员都在自己的直播间进行解说，对于是否露脸的选择自由度也更高。二路直播流的开放既给观众提供了更多观赛渠道，又为解说员提供了和粉丝互动的机会。观众可以选择自己喜欢的解说员进行观看，解说员也可以在二路流锻炼解说能力，解说中存在的问题也可以以弹幕互动的形式得到反馈。

第五部分

玩之指引：自我的辨析与回归

对于一小部分人而言，游戏是他们当前所从事的职业，对于绝大部分玩家而言，游戏只是他们成长过程中的一种陪伴。那么，游戏对于玩家到底存在什么意义，玩家在现实和虚拟之间穿梭，虚拟世界对他们的现实生活又产生了何种影响？身为玩家、父母、教师，以及游戏开发运营商和政府管理人员的我们，又该怎样正确认识游戏和合理管理青少年玩家的游戏行为呢？

第一章　虚拟世界：现实路上的休息站

对于绝大部分游戏玩家来说，他们对于游戏的热爱和游戏水平并不足以使他们产生以此为生的念头。玩游戏只是他们生活中的一个兴趣爱好，是他们闲暇之余放松娱乐的一种方式。游戏为他们带来快乐，带来成就，也拓展了他们的社交空间，为他们提供了表现自我的舞台，甚至让他们从中探索到自己的兴趣和特长所在，但游戏终归只是一种娱乐方式，并不是生活的全部。

第一节　游戏的意义

一位访谈对象这样谈到自己玩游戏的经历：

"第一个阶段玩游戏只是单单沉迷于游戏的这种代入性。就是你会把自己带入游戏中的角色，去看这个游戏世界，这是等一个层次，然后还有第二个层次是你去玩你看到的这些，经历这个游戏里会出现的一些事情，比如打怪升级什么的，让自己有一些成就感。然后，第二个阶段就是沉迷于游戏里面的一些角色，就好比看一部小说一样，一部看完了，因为里面的故事你会去追第二部小说，然后你还会继续追下去。比如说我玩过《仙剑奇侠传》，比起它的游戏性，它更大的卖点是它的情怀，仙剑 1 你玩过，觉得剧情很吸引人，它出了续集，你就会想去玩新的，我就差不多把所有的仙剑都玩了一遍。这是我第二个阶段。第三个阶段就是游戏对我们产生的一种交互性。我们生活中可能会感觉比较无聊，人都是比较怕孤独的一种生物，你一个人待着的时候，肯定心情会比较抑郁，你希望有一个人来陪你聊聊天，陪你说说话，陪你随便扯些什么。这时就会想要去进入游戏。"（玩家 M15）

M15 谈到的是他从小学到大学这段青少年时光里玩游戏的感受。他目前已经大学毕业，在一家互联网公司做产品设计和 3D 建模，工作之余仍会玩游戏。但显然，这时他与游戏的关系已经不再处于上面谈到的三个阶段，游戏于他已经成为了一种单纯的娱乐消遣。正如美国电子游戏研究专家希德尔·古塔教授谈到的那样，"游戏的本质是制造快乐，游戏者的初衷也是寻找快乐。当电子游戏随着科技的发展，规则变得越来越复杂、画面越来越精致时，游戏者的快乐也就差不多要开始往尽头走了。随着年龄增长，游戏者会觉得越来越不好玩，为什么呢？因为社会角色的分配会使生活逐渐丰富多彩起来，也就无须依靠虚拟世界来寻求快乐和满足。而对于电子游戏本身来说，陪伴人类走过了一段寂寞的时光，它也光荣地完成了它的历史使命，这是一个很光明的结局"。

第二节　玩家的人生规划

为了进一步探索网络游戏对于玩家的意义，我们对一些青少年游戏玩家的人生规划做了简单了解，想知道游戏究竟在他们的生活中扮演了什么样的角色。

ABCD 的想法

A："先打两年职业吧。当主播没梦想，就为了赚钱。最早正儿八经打职业的时候是不会开直播的，只有出了名以后和俱乐部签约了要开一下。"（玩家 M24）

玩家 M24 当时是一名职高学生，竞技类游戏玩得很好。他的生活规划也是毕业后先进入电竞行业工作一段时间。在他的认知中，只有职业选手可以称得上是游戏玩家的梦想，即使同一个行业内的其他职业例如主播都只是赚钱的工具，不能称之为梦想。M24 的看法难免有偏激之处，但从中也可以看出他对未来凭借自己努力成为职业选手的自信和自豪，对于他而言，能够在"用脑"的电竞行业占有一席之地，未尝不是个人能力的一种体现。

B："我之前很想做游戏解说的！可是现在发现解说的学历都好厉害，都是人大毕业什么的。就是感觉这个行业竞争开始变得激烈了。"（玩家F6）

玩家F6从小学开始玩游戏，对游戏的热爱让她一度想做一名游戏主播，但经过了解却发现在竞争激烈的电竞行业，主播的门槛并不低，不少游戏主播都是名牌大学毕业。她在放弃从事电竞职业梦想的同时决定申请到国外高校就读研究生，进一步提升学历，目前也已经从英国一所高校拿到硕士文凭，并回到家乡考入了事业编制。F6选择继续学习当然不只是被游戏主播的学历所刺激，更多是一种综合考虑的结果，但对游戏行业的逐渐了解确实对她的深造决定起到促进作用，使她意识到即使从事被认为"不务正业"的电竞行业都需要学历学位打底，进而激发了她深造的想法。

C："未来想当兵，想考军校。如果不能考到好一点的军校的话，就选某种比较喜欢的职业，比如说医生、会计。读完之后不是就学会这种技能了嘛，比如说医生这种，如果家里人生病了也能用得上。我就要么去当医生或者会计，要么在家里直播、代练。上了大学也不一定不直播啊，上了大学我也可以直播啊。电竞专业没想过，因为那种电竞专业一般就是打《英雄联盟》，自学就可以，还是要学一个专业，生活里那种技能，多学一种，就能多一种生活渠道吧。"（玩家M6）

玩家M6接受访谈时在一所普通高中读高一，成绩挺好，在班上属于能玩能学，人缘又好的学生，课余经常接游戏代练赚钱。游戏代练的经历让他意识到"游戏玩得好也能赚钱"，因此，他并不排斥将游戏直播和代练作为兼职。但他不愿意在游戏上花费太多时间，比如花四年去学习电竞专业，他的生活规划是学一个"更有用"的专业，有一个一技之长，以后可以从事比较喜欢的职业。

D："玩《狂野飙车》就看那些车很酷，以后想做汽车设计师。我以后准备学机械工程学，我想和跟我兴趣一样的一个同学，以后开个汽车厂，他做电子那块，我做工程这块。我现在在机器人团队主要是（做）搭建工程师，我也会一点编程，但不多。跟我兴趣一样的那个人也在这个团队里，我们各有所长，我们都同样喜欢汽车，平常交流也很多。我现在学完英语，回来之后应该也算比较好了，回来再学德语。"（玩家M4）

玩家M4是一个初中生，喜欢玩《狂野飙车》，他有时会录游戏视频上传到爱拍网和哔哩哔哩网站上，并且"现在已经有好几个粉丝了"。游戏激发了他对汽车的喜爱，线下的机器人培训又培育了他对机械工程的兴趣，因而虽然才初一，M4已经为自己定下了汽车设计师的职业方向。接受访谈后不久，M4就要跟随赴美访学的父母去美国学习一年，他打算先学好英语，回国后学习德语，以后再到德国学习车辆设计，对于未来规划得非常清晰。

那些与游戏无关的规划

当然，绝非所有游戏玩得好的青少年都会将网络游戏与自己的生活规划关联起来。大部分青少年玩家只是纯粹将游戏作为生活中一种休闲方式，而生活规划则是依据兴趣、特长、成绩和家庭条件综合作出的对自己生活的安排。例如，玩家F2的父亲是游戏公司老总，她自己对游戏也有诸多正面的看法，并给研究者发来8条游戏吸引她的原因，但她从未考虑过从事游戏相关工作，对父亲的游戏公司"一点都不感兴趣"。F2高考时报考了新闻传媒类专业，最后进入杭州一所高校就读，目前已经考上另一所高校的研究生。玩家M5是医学类专业的大一学生，他认为当前必须把学习成绩提上去，因为"只有现在读了，以后的职业规划才能够跟得上"。玩家M14性格温和稳重，他遵从家人的想法，希望毕业后进入政府部门或银行等较为稳定的单位工作。

上述玩家的经历和想法表明，青少年玩家基本上都从比较正面的一面来看待游戏，他们中大部分人视网络游戏为陪伴自己的一个爱好，也有小部分人会受到游戏行为的激励而制定相应的生活规划，甚至直接将游戏作为职业方向。

当然，也有个别玩家对自己的未来发展依旧表现得很迷茫。比如玩家M8和

F8。M8 和 F8 在学校里属于成绩中等偏下但人缘还不错的学生，网络游戏在他们的生活中占据了很大份额。M8 沉迷于游戏，平时学习比较迷糊，是班上的开心果，他对未来生活还没有任何规划，认为自己现在才大一，"先玩一年再说"，等大二再慢慢了解并考虑以后的发展方向。虽然 M8 就读的是大专，但毕竟已考入大学，拥有了最基础的社会资本。与之相比，没有方向感、缺少学习动力的玩家 F8 更加令人担忧。F8 目前读初二，对学习没有什么兴趣，每天晚上回家玩游戏 2～3 个小时。她对未来发展没有规划，不知道自己要干什么或想干什么，感觉上个普高就差不多了，没有感受到自我存在的意义和价值。这一类青少年玩家是我们应该重点关注的对象，我们会在下面章节再详细展开讨论。

第三节　穿越在虚拟和现实之间

"中国哲学特别是儒家哲学是情感型的，将人视为情感的存在。"[1] 网络游戏就像玩家人生路上的一个休息站，站里站外风景虽不同，情感却互通。玩家在游戏中互动，互动产生情感，情感贯穿了虚拟和现实，形成一个个虚实交织的空间。玩家身处于虚拟世界之时，也不完全忘情于现实，一方面虚拟会延伸至现实，玩家可能因为在游戏中的情感付出而使虚拟亲密关系奔现，另一方面现实会照进虚拟，现实世界的关系和时空仍然会影响玩家在游戏中的举动。玩家在虚拟与现实之间穿越往返，终究，可能还是会被现实所牵引回归。

虚拟亲密关系的延伸

前面提到，玩家会在网络游戏中出于不同目的，在不同情境下结成恋人、夫妻等亲密关系，也就是俗称的成为 CP。虽然 CP 的主要意义还是游戏中的玩伴，他们大部分的交流时间也是在游戏内的上线时间，但是这并不是一种一成不变的关系，许多 CP 发展到最后，就会变成真正的网恋。

---

[1]　蒙培元. 人是情感的存在——儒家哲学再阐释. 社会科学战线. 2003,(2):1-8.

许多CP上线后的习惯便是加入同一小队中，方便游戏里的沟通与交流，或者选择其他社交媒介如微信、QQ等软件作为日常交流之用。自然而然地，他们在每天的日常沟通中对彼此越来越了解，双方关系就会渐渐延伸到游戏之外。在对这个游戏的热情消退之后，一些CP也可能会一起去尝试别的游戏。

如果两方都有继续发展的意愿，双方可能会继续深入彼此的生活，将CP关系变换成网恋关系，再往后发展，就面临着奔现的问题。网恋奔现最后得到好的结果是一件比较困难的事情。现实生活中的角色拥有比网络上更加复杂也截然不同的社会属性，抛去了网络层层精致包装之后的两人是否还能接纳彼此，成为真正的恋人，这对于双方都是考验。更不用说基于网络认识的朋友，实际生活中两人的地理位置、年龄可能都会存在很大的不同，还要考虑到双方家庭、经济条件等问题，两人在现实中最终走到一起确实比较难得。当然，奔现成功，最后走向婚姻殿堂成为佳话的CP往往更能得到人们的祝贺，这样的例子在玩家中也并不少见。（图5.1）

图5.1　《最终幻想14》里的恋人成为现实夫妻

现实对虚拟的束缚和制约

Alex Golub认为，大型网络游戏的玩家们，往往高度沉浸于游戏的感知环境中，对他们来说并没有"进去"与"出来"的分别，许多时候，即使不在玩游戏的状态下，他们也依然置身于游戏体验之中。[①]实际上，我们从研究中发现，玩家们广泛且深刻地投入网络游戏之中，有时抛弃了现实世界与虚拟世界的区隔，完全沉浸到游戏世界中，有时又能清晰地分辨虚拟与现实的差异，考虑到现实中的环境和人物。

"我在外面，下大雨，那时我本来想去外面跟别人玩，结果下雨了，去不了，就被我同学拐到边上一家小网吧。他玩的游戏，我又不会玩，我就一个人坐在那里发呆，他就说你玩这个吧，这个很好玩。那个游戏叫《逃亡》，就是刚进去有一个角色代入的第一人称，讲你到了一个房子里，那个房子里有一个人要把你给杀了，房子里到处都是特别恐怖的关卡。非常地惊悚，汗都吓出来了。一直硬撑着玩了半个多小时。"（玩家M10）

西格蒙德·弗洛伊德曾讨论过关于恐感和类我的概念。电影理论家莱斯利·斯特恩将其运用到对观众观影感受的分析中，指出当看到荧幕上的人物从高空坠落、被抛出或表演特技动作时，观众会产生肉体上的移情作用。在瞬间的想象中，观众的身体与他者的身体同在，并对他者身体的运动做出回应，"我们感到恐惧、兴奋，为之颤抖"[②]。在网络游戏构建的虚拟世界，游戏角色同样可以起到触发情感共鸣的作用。随着玩家敲击键盘的行为，角色做出翻滚、跳跃、进攻等各种行动，当角色头部遭受撞击时，所有玩家都会感到恐惧。

正是因为游戏环境的高度逼真性，当玩家M10在玩一个新的恐怖游戏时，切身感受到无处可逃的惊悚，"汗都吓出来了"。但是有趣的是，虽然他当时感到非常恐惧，却不愿意离线关机，离开这个让他不舒服的虚拟环境和氛围。当研究者询问原因时，M10略带羞涩地回复："因为发现边上还有女孩子，有点丢脸。"戈夫曼将人们在社会生活中所处的情境分为前台和后台。他认为，当人们处于有其他人在场的前台情境时，会根据环境和自己的身份做出符合情境要求的相应行为。

① 丹尼尔·米勒，希瑟·霍斯特．数码人类学．王心远，译．北京：人民出版社，2014年，第318页．

② 戴安娜·卡尔，大卫·白金汉，安德鲁·伯恩等．电脑游戏：文本、叙事与游戏．丛治辰，译．北京：北京大学出版社，2015年，第91~92页．

网吧里的女孩子使M10意识到自己作为男孩应该在玩游戏时表现出镇定和大胆，他在现实和虚拟中瞬间切换，尽力控制自己的恐惧情绪，一直陪同学玩了半个多小时才离开，进而维持了在他看来合适的前台行为。这表明，身处公共空间时，玩家的情感会受到周围环境的影响，即使虚拟情境激发的感受蔓延开来，玩家也可能因为周边环境或其他人的讲话和动作而意识到自己所处的真实空间，进而有意识地控制自己的行为，呈现出符合当下现实环境的自我形象。

现实会照进虚拟。玩家们在玩游戏时，不仅会对周围环境有感知，也会考虑到游戏玩伴的现实身份。

"等到自己技术也好了，可能就会有那种互相看不顺眼的人，就会觉得是对方做得不好。其实可能双方都做得不好，但是我可能会把锅甩给别人，把包袱丢给别人，会把责任推到别人身上。其实他也会把责任推到我身上。玩游戏的时候会这样，现实里面倒不会，现实里面因为感情好，可能跟人拉不开脸，网络游戏里面可能都不认识的，就会把包袱丢给别人，没有什么心理压力。现实里面就会自己扛了，做人留一线，日后好相见嘛，万一以后自己什么时候栽到他手上，这样子不太好吧。"（玩家M2）

"我跟室友一起玩游戏比较少一点，虽然室友也玩这个，但不怎么经常玩。大多数时候还是跟他们（网友）一起玩，因为一来比较轻松，二来虽然同样是很熟，跟室友跟他们都很熟，但是下本互相说事互相喷的时候，喷室友总觉得有点心理压力，不太好意思喷。室友脾气好一点，你喷他，他也不回你，那我老是喷他，我也不好。但是我性格这样，遇到坑了，我想喷你两句，不让喷，又憋着难受，我自己又不好意思喷。线上朋友就没有那么多烦恼，你想喷就喷，反正你回头也会被喷回来的。室友一起打，打着打着我就下意识地要去照顾他情绪，互相坑就会很难受。大家情绪互相照顾一下，就没有那种不受束缚的感觉。"（玩家M14）

如同他们所讲述的那样，玩家M2和M14采用了不同方式对待熟人和陌生人。同样是自己的原因导致了失败，玩家M2在游戏中会将责任推卸给不认识的队友，在现实里和朋友一起时则会自己承担；M14和网上认识的小团体成员一起玩游戏时，可以随意开玩笑互喷，而和室友玩时却往往要照顾对方情绪不能随便发泄，他因此觉得和室友玩游戏太累，情愿和现实中不认识的玩家一起玩，享受不受束缚的感觉。

在物理身体在场的现实社会，人们往往会依据双方的身份地位及关系，参照交往情境，按照人际交往的一般性准则进行社会活动。因而，人们在社会交往中不可能完全按照自己的心意说话做事，而是会充分考虑互动双方的立场与情感。然而在虚拟游戏世界，由于角色面具的遮掩和物理身体的消失，人格中本我的部分会冲破自我的规约，将人性中最本真、最利己的那一面释放出来，呈现出不一样的内容。不过，青少年玩家并不会完完全全沉浸到虚拟世界中，他们在玩游戏时仍然会考虑到周围的环境和互动对象的身份等现实因素，避免因为行为不当而影响自己的现实生活。

第二章　电竞爱好者：如深爱，用力爱

　　根据艾瑞咨询提供的数据，2020年，我国电子竞技用户（含玩电竞游戏和观看电竞比赛、直播的网络用户）已经达到5亿，其中游戏直播用户规模为3.55亿人。在电竞用户群体中，68.3%为男性，31.7%为女性，19～24岁的电竞用户达一半以上，占总用户群体的54.1%，18岁及以下占7.3%。[①]可以看到，60%以上的电竞用户都是25岁以下的青少年，他们大都处于求学阶段或求职的初期阶段，还没有形成成熟的价值观和明确的人生规划。电子竞技对于他们中的大多数而言，只是一个和看电视、追剧、做手工一样的业余爱好，正如上一章提到的那样，是人生路上的休息站。而对于一小部分资深爱好者而言，电子竞技并不是一条不能走上的路。作为一个正处于发展期的正规行业，电子竞技可以成为他们能够投身其中的一个职业方向。

　　从第四部分第一章的内容里我们知道，电子竞技已经是正式职业序列里的一员，有相对规范的职业管理和相对合理的职业报酬，也得到部分社会成员的认可。纵观电子竞技的产业链，从上游的游戏设计与开发，到中游的赛事组织、参与和传播，再到下游的游戏直播、电竞周边和衍生作品等，电子竞技行业和其他传统体育项目一样，其范畴并非只有职业选手，而是已经形成一个相对成熟的、较长

---

① 艾瑞咨询. 2021年中国电竞行业研究报告. https://www.iresearch.com.cn/Detail/report?id=3770&isfree=0, 2021-08-18.

的产业链，涉及游戏开发设计、赛事组织推广、俱乐部运营等多项工作。围绕比赛和选手，也产生了从比赛现场的导演、解说、制作人、裁判，到位于幕后的俱乐部经理、领队、教练等多个岗位，衍生出教练、经理、数据分析师、经纪人、主播、理疗师、营养师、心理辅导师等众多职位。那么，对于那些作为资深电竞爱好者的青少年而言，他们该如何拥抱这个行业呢？

第一节　踏上电竞科班之路

前面提到，电子竞技行业涉及从源头的游戏开发与设计，到末端的电竞衍生品等多个环节，对于游戏开发、游戏设计、游戏策划等专业人才有着大量需求。随着电竞行业的不断发展，清华大学、中国传媒大学、北京电影学院、中央美术学院、浙江传媒学院、吉林动画学院、四川美术学院等一批国内高校已经开设了游戏设计与开发、游戏策划与运营等方面的专业和课程。有志于投身电竞行业的青少年可以根据自己的兴趣和特长选择相应专业就读。然而，大部分电竞爱好者未必具备计算机、绘画或创意策划方面的优势。对于他们而言，与产业链中游关联密切的电子竞技专业和电竞解说专业可能是更容易接近的职业目标。

成为一名电子竞技专业学生

中国传媒大学是第一个开设电子竞技专业的本科高校。2017 年，中国传媒大学数字媒体艺术（数字娱乐方向）专业开始招生，当年报考人数 900 人，录取人数 20 人，报录比达到 45∶1。考生们需要先参加中传的艺考，经历三段面试、一次命题创作笔试、一次文化课考试，考查考生在影视、新媒体、活动组织、创造力、审美、逻辑等方面的综合能力，再通过高考达到相应分数线才能被选拔进入电竞专业就读。

电竞专业并非等同于打游戏，而是涉及游戏设计、游戏开发、游戏运营和俱乐部管理等行业发展的多个方面。和其他专业学生一样，电竞专业的学生在第一年主要是完成高数、英语、思修、马哲等基础课，第二年开始大量接触专业课程，比如电子竞技概论、游戏开发程序设计基础、计算机图形学、数据结构、游戏创作、互动艺术创新思维等，同时也会学习社会学、经济学，以及心理学方面的课程。学生们除了了解电子竞技行业发展、熟悉各类游戏类型外，更需要根据自己的特长在不同方面有所尝试有所表现，例如参加专业比赛、完成游戏开发项目、策划组织一场电竞比赛、完成原创赛事解说等。

至于毕业前景，根据四川电影电视学院数据统计，川影第一批电竞专业毕业生，20%在各类各层级的电子竞技俱乐部从事策划和管理工作；14%在主播工会做电竞主播；6%从事和电竞培训和艺考培训有关的工作；34%在与电竞和游戏有关的数字娱乐行业工作。2021年的6月，中国传媒大学首届电竞方向学生也毕业了。在第一批毕业生中，有些人选择了继续深造，保研或考研，有些人选择考公务员，有些人从事非专业性工作，但大部分人还是去了和专业相关的电竞赛事运营公司，或是去游戏公司当游戏策划或者游戏运营。

选择在电竞解说专业就读

随着电竞行业的迅猛发展，电竞比赛观众的人数不断上升，电竞解说这一职业也悄然兴起并迅速崛起。据国内媒体报道，目前由运营方官方认定的职业电竞解说员仅有约1200人，行业缺口依然很大。

作为国内最早开设电竞解说专业课程的高校之一，上海体育学院在2018年就开始了电竞解说专业的招生，这几年来每年都吸引大批学生报考，报录比一直保持在10∶1左右。南京传媒学院、浙江传媒学院、四川传媒学院等多所国内高校也紧随其后，陆续设立了电竞解说专业或方向。

电竞解说是传统体育解说在电子竞技比赛中的延伸，对于解说员的游戏知识、游戏技能、语言表达能力、语言组织能力、直播经验等都有相应要求。电竞解说专业的学生不仅需要学习电子竞技相关知识，还需要学习播音专业的基础课程。上海体育学院电竞解说专业还在近年开设了新文科教育类课程，拓展学生的知识面，提升学生综合素质。电子竞技本身是从国外发展起来的一个行业，大部分电竞游戏是从国外引入的，而中国本土开发的游戏也在逐渐走向国外。因此，外语能力尤其英语阅读和口语能力，对于解说员来说也是非常重要的技能。上海体育学院在招收电竞解说专业学生时，就把英语口语列为初试选拔项目之一，进校后也很重视对于外语的训练。

电竞产业对于电竞解说的需求持续增加，一些电竞平台组织为吸纳优秀解说人才，开始未雨绸缪，与相关高校合作培养人才。腾竞体育、斗鱼等多家平台都主动在国内高校进行电竞解说员的选拔培养。一些还在就读的电竞解说专业学生已经与解说平台提前达成了签约意向，就业前景还是非常不错的。

第二节　自我修炼与自我提升

能够在学校接受专门科班教育的电竞玩家或电竞用户毕竟只是很小一部分。而且，也并非只有科班出身的人才能做好电竞行业的各项工作。实际上，很多电竞行业的知名人物都来自各种学科背景和行业背景。但无一例外的是，他们都在实际锻炼中不断完成自我修炼与自我提升。因此，不管青少年玩家是希望做一名职业选手，还是做一名电竞解说，抑或打算从事俱乐部、赛事运营等相关工作，都需要持续不断地努力和拼搏。

尽可能地提升学历

前面已经提到，电子竞技并非简单地打游戏，即使拥有一定游戏天赋，通过勤奋努力能够成为职业电竞选手，其职业生命也是非常有限的，往往在20岁之前就迎来了职业巅峰。因此，总体而言，我国电竞选手的学历普遍不高，初中和高中毕业的选手占大多数。然而，竞技类游戏对于选手身体和头脑的要求都非常高，随着年龄增长，选手可能跟不上游戏步伐，难以打出好的战绩，20多岁或最多30岁后就不得不退役。从长远的职业发展来看，如果打算做一名职业选手，也最好能够尽可能地提升学历，为日后发展打好基础，避免出现一旦退役无事可做的状况。

至于电竞解说、赛事运营等其他相关工作，则与个人学历的关联性更大，因为职业选手只需要关注游戏本身，而这些相关工作涉及播音主持、新媒体运营、受众分析、媒体联络等多个方面，需要更全面的知识储备。实际上，许多知名游戏主播、解说员，甚至部分职业选手，都拥有不错的学历背景。下表是部分选手、解说员和主播的学历情况。（表5.1）

表5.1　部分电竞选手、解说员和游戏主播学历情况

ID	身份	毕业院校	专业
小苍	电竞选手、游戏主播	北京师范大学	影视传媒
老番茄	B站游戏UP主	复旦大学	金融学
西朴	电竞解说员	中国传媒大学	播音主持
王多多	电竞解说员	中国人民大学	德语
女流	游戏主播	清华大学、北京大学	建筑学
Miss	电竞选手、解说员	海南大学	会计学
马天元	电竞选手	四川大学	计算机
伍声	电竞选手	浙江大学	生物医学工程

尤其是电竞解说员职业，对于教育背景和相关证书的要求越来越高。以往，很多电竞赛事的解说都从玩家群体中招募，后来，职业选手担任解说员的比例大幅度上升，再到现在，《英雄联盟》和《王者荣耀》等大型赛事的解说员中，播音主持科班出身的比例逐步上升，对解说员综合能力的要求也越来越高。在一档名为《解说新势力》的电竞解说员选拔节目中，来自清华大学外语专业的选手冯卓成，甚至用三种不同语言解说了LPL夏季赛的一场比赛。由此看来，学历的提升对于大部分电竞职业而言都是必需的。

不断积累与奋斗

近年来，随着电竞行业的蓬勃发展，职业选手、电竞解说员和游戏主播等从业人员的收入已经远远超过很多其他职业。电竞解说员单场比赛解说费用可以达

到数千元，大部分解说员都能月入过万。年收入几十万乃至数百万的职业选手也不在少数。但是，这些薪资都是多元构成的，并非单一地依靠解说和打比赛就能实现。这也就对从业者们提出了更多要求。

以俱乐部的职业选手为例，他们的收入一般由四部分构成：基本工资、奖金、直播平台收益和周边产品售卖。基本工资一般在 1 万元以内，要想得到更高收入，选手需要在比赛中打出好成绩，获取高额奖金。如果选手战绩卓越，直播收益和周边产品售卖将水涨船高。在看得到的高收益和光鲜形象背后，是一次次一天天刻苦训练的成果。而选手们通过自己的比赛经历，同时也可以积累俱乐部管理、比赛指导、赛事解说、赛事运营等相关经验，为日后转型为管理人员、教练、领队、解说员等做好准备。当谈到未来打算时，已经是一名职业选手的 M29 这样规划自己的人生：

"我现在还没有到舞台上吧，我的梦想就是在 KPL[①]舞台上。现在可以说迈进了半只脚，我上面还有一些更顶尖的，就是一线职业选手，我现在充其量算一个二线的。我目前对未来的规划是打到 KPL，如果王者不火了，我会参与其他电竞项目，直到打不动了，转管理层管理队员。"（玩家 M29）

M29 目前在俱乐部积极训练、参赛，期望踏上更好的职业舞台，同时准备慢慢积累经验，在退役后做一名俱乐部管理人员。

对于电竞解说员或游戏主播而言，一次完美而让人印象深刻的解说或直播，同样也是需要付出大量时间，积累游戏知识、准备直播功课，并且在平日里一点一滴、聚沙成塔做好各方面储备的。解说员不仅需要考普通话等级证书，如果担任主持，还需要持有主持人证书。和传统媒体节目一样，无论直播还是现场解说，都可能出现许多突发状况，需要在场人员有较好的临场反应，能够化险为夷。以电竞解说员为例，电竞赛事的转播都是以实时直播的形式呈现的，在直播中偶尔会出现故障，比赛也可能会因为设备或比赛客户端的问题出现暂停，而电竞比赛

---

① KPL（King Pro League），即《王者荣耀》职业联赛，是《王者荣耀》官方最高规格的专业竞技赛事，也是整个移动电竞行业中的顶级职业赛事。

中途一般不设置广告，导播的画面基本会在现场画面和解说席画面之间切换，所以当比赛暂停时解说员的发挥尤为重要。如果知识储备不够多，准备不够充分，就可能出现解说滑铁卢，终结其职业生涯。这种时候就是考验解说员综合素质与能力的时刻，有经验的解说员会在这个阶段把话题过渡到职业选手的场外事件讨论。而这些经验和能力都需要依靠不断学习、不断积累才能慢慢获得。

此外，勤奋已经成为无论是职业选手，还是电竞解说员以及游戏主播必备的特质。职业选手每天训练时间长达 10 小时以上；解说员在一场比赛解说之前，需要花费数小时观看游戏、分析玩家技巧、写解说台本，如果面临一档新游戏的解说，更是提前几天就要开始做准备。2020 年刚从四川传媒学院播音主持专业毕业的陶子训，从大二开始即积极参与各类赛事解说，在校期间共计完成 40 场游戏解说。有时解说任务较多时，不仅准备工作繁重，而且需要来回奔波，甚至平均一天只能睡不到 2 小时。正是因为这些前期的辛苦奋斗，他才能在毕业后过关斩将，顺利从上万人里脱颖而出，成为一名网易 NEXT 官方解说员。正所谓：吃得苦中苦，方为人上人。

第三章　游戏人生：且行且珍惜

如果从广义的游戏界定来看，我们的一生都可能在与各式各样的游戏为伴。如果把目光放在网络游戏上，那青少年在他们行为习惯塑造和价值观、世界观形成的重要时期，也很难脱离游戏的影响。稍有不慎，玩家就可能滑入游戏陷阱，沉溺在光怪陆离、美轮美奂的虚拟世界，成为网瘾少年。为此，掌管游戏设备并控制游戏投入的父母，与青少年玩家子女可能每日都在家庭内部上演战略与战术的博弈。中小学教师也不得不设身处地，在严格管理和适当疏导之间寻找平衡。与游戏的相爱相杀，每时每刻都在发生，值得从个体、家庭，到学校、产业，再到政府各个层面的多方考量。

第一节　网瘾少年的乐与苦

"从开始玩《摩尔庄园》手游的第一天起，那一个月里，我和室友就像魔怔了一样，每天早上醒来的第一件事情就是去游戏里做任务，睡前也是在游戏里钓鱼，每天一有空就去摩尔庄园，那段时间 iPad 屏幕使用时间也大幅度上升。可能是对新游戏的新鲜感，也可能是网瘾在作祟，那个月一直沉迷于游戏中。"（玩家 F15）

这是一个大二女生的自述，提到自己对《摩尔庄园》手游版的痴迷。她在少年时期曾玩过《摩尔庄园》网页版，2021 年上半年出的手游版对于她来说有着怀旧的意义，仿佛年少时光又回到眼前。也正因如此，她在刚玩这款游戏的那个月，近乎成瘾。

那么，什么是游戏成瘾呢？

游戏成瘾的界定

成瘾这个术语从20世纪50年代开始被使用，最初用于形容沉迷于酒精和药物的行为，后来其涵义扩展到其他类似的临床领域，特别是在行为层面出现的暴食、赌博、病态购物等。

1990年，古德曼根据《精神疾病诊断和统计手册》第三版（修订版）中的相关论述，提出了成瘾性疾病的判断标准。他指出，成瘾是一种可能带来乐趣、缓解痛苦影响的行为方式，主要有两个症状：一是行为控制多次反复失败；二是尽管行为有负面后果，但仍然延续。

之后，美国匹兹堡大学Kimberly Young提出网络成瘾的定义："网络成瘾"（internet addiction，简称IA）、"网络成瘾症"（internet addiction disorder，简称IAD）或"病态网络使用"（pathological internet use，简称PIU），指在无成瘾物质作用下的上网行为冲动失控，表现为由于过度使用互联网而导致个体明显的社会、心理功能损害。在网络成瘾中，网络游戏成瘾（Internet gaming disorder，简称IGD）是其非常重要的一种分型，主要是指游戏玩家无法控制地、长时间地和/或强迫性地沉迷游戏所表现出来的心理、生理及社会功能受损等。格里菲斯将IGD归为两种类别，一类是游戏玩家因游戏的刺激而越来越沉迷最终成瘾，另一类是因为在游戏世界里可以释放压力和代替一些活动而成瘾。

格里菲斯是第一个系统研究网络游戏成瘾的学者。他认为，网络游戏成瘾是一种行为成瘾，具备显著性、情绪调节、耐受性、戒断症状、冲突性和复发性6个核心特点。根据这6个特征，他提出了"每天都玩游戏吗？""经常玩很长时间，一般3到4小时""玩游戏的时候表现得非常激动""当不能玩的时候心情很差""因为玩游戏不参加社会活动和体育活动""只玩游戏而不完成作业""想要缩短玩游戏的时间但都失败了"7个指标，用于诊断网络游戏成瘾。[①] Griffiths 指出，成瘾玩家通常会出现3个症状：无法控制游戏行为；因失去自我控制而玩游戏后会情绪低落、出现罪恶感；不玩游戏时会向往玩游戏。[②]

游戏成瘾的原因

对于游戏成瘾的原因，学者们已经讨论了很多。大体可以从几个方面来分析：游戏方面、玩家方面、家庭与社会方面。

游戏方面的原因

从古至今，趣味性和竞争性都是游戏设计的核心要素，任何游戏的设计都是要让参与者乐在其中。网络游戏里的社交体系、成就体系都极大增加了游戏黏性，是玩家尤其青少年玩家沉迷网络游戏的根源所在。马斯洛的需求层次理论指出，人类的需求从低到高可以分为五种：生理需求、安全需求、社交需求、尊重需求、自我实现的需求。从游戏本身的属性来看，游戏设计中涉及的求生、暴力、经营、交往等环节满足了人类在虚拟世界里的需求发展，使玩家在游戏中不断去追求更多的需求满足。

第一，简单的奖励机制与即时反馈。简单的奖励机制是十分有效的心理手段，就算有无限的任务，只要在每一个操作之后有奖励或者惩罚的即时后果，出于趋利避害的本能，玩家在潜意识里也会对很多重复而简单的事情上瘾。简单的奖励机制让大脑分泌多巴胺，从而使玩家能够获得短暂的快感，极大满足了玩家的精神需求。长期累积下来，玩家的潜意识中将游戏与这种精神快乐画上等号，因此，玩家会沉溺于收菜游戏、消灭星星、连连看、跳一跳、贪吃蛇等这类简单游戏。

第二，设置短期阶段性目标。人们固有的心理机制是希望一件事情可以完成，因此游戏里的通关机制驱使玩家不断完成任务，这样的短期阶段性目标会让玩家

[①] 朱丹红，黄少华.网络游戏行为、意识与成瘾.上海：上海财经大学出版社，2021年，第50页.

[②] Marta Beranuy, Xavier Carbonell & Mark D. Griffiths. A Qualitative Analysis of Online Gaming Addicts in Treatment. International Journal of Mental Health and Addiction. 2013,11(2):149−161.

处在不断的自我肯定之中。这种自我价值的实现满足了玩家的尊重需求和自我实现需求，会让玩家感觉良好且容易成瘾。游戏的关卡就是这样短期阶段性目标的呈现，比如《植物大战僵尸》《愤怒的小鸟》《保卫萝卜》等游戏中的一道道关卡。

第三，虚拟物品奖励。游戏中会有一些物品需要玩家投入金钱、精力和时间去获得，比如游戏中的高级武器或者《王者荣耀》《和平精英》中的皮肤，《小王子》中的玫瑰。玩家投入的时间和精力越多，对游戏中虚拟物品的执着程度就越大，从而更难脱离游戏。

第四，游戏的声画和丰富的人物角色。随着游戏产业的不断发展，网络游戏的设计和制作也越来越精美。震撼的游戏音效与具有沉浸感的环境，让玩家充满代入感，日益唯美的画面和丰富的剧情，更是让人欲罢不能。以《王者荣耀》为例，该游戏具有环境音效、场景音效、角色音效、击败音效、技能音效等多重设计，能让玩家有很好的游戏体验感。再比如《闪耀暖暖》，与《奇迹暖暖》相比，《闪耀暖暖》是3D形式的，配音与角色更加真实。而游戏《第五人格》的真实声音让人有身临其境的恐怖感，尤其是作为逃生者，被监管者追捕时和解电箱时的心跳声十分有代入感。虽然这款游戏会因为恐怖吓退一些玩家，但大部分的玩家在经过一开始的恐怖之后，会爱上这种刺激感，以至于沉迷。

第五，不确定性与神秘感。如果游戏只对玩家的特定行为给出特定奖励，那么玩家很快会对这种确定性懈怠，但是如果这种奖励是存在不确定性的，那么玩家反而会对这种不确定的奖励上瘾，比如《阴阳师》里的画符，《江南百景图》里的画画卷，等等。玩家通过自己画图来抽卡，具有很多不确定性，阴阳师画什么样的符咒容易出SSR卡，江南百景图卷轴画什么图形、写什么字容易出"天"级人物，这让玩家不断地想去尝试和探索答案。游戏中刷怪获得不确定的大奖也是不确定性与神秘感的体现。为了得到随机掉落的珍稀物品，有时玩家会经常刷同一个副本。此外，游戏中还伴随着死亡，有些游戏具有即时复活的机制，有些游戏则不具有。不论是否具有即时复活的机制，死亡的悲伤会形成较大的情绪起伏，让人更有欲望投入后续的游戏，也可看作"赌徒心态"，赌自己下一次操作会更好，赌对手会打不准。

第六，虚拟荣誉与竞争排名机制。游戏设计抓住了人们的荣誉感心理，由浅入深地让玩家上瘾。人类天生具有竞争的本能，游戏从不同维度生成排名、排行榜，玩家在本能的驱使下不断追求游戏数值的增长，想要跻身排行榜内，以证明自己的能力，获得大家的敬佩，满足自己的社交需求、尊重需求与自我实现需求。玩家在游戏的过程中获得成就感的同时还能得到自我认可与他人认可，层层递进的机制让玩家希望在虚拟世界里成为"大神"，以弥补现实生活中无法满足的遗憾。例如，《王者荣耀》的段位分为倔强青铜—秩序白银—荣耀黄金—尊贵铂金—永恒钻石—至尊星耀—最强王者—荣耀王者八种。到了最强王者之后，每赢一局比赛就会多一颗星星，最强王者五十星就会成为荣耀王者。高手们普遍认为，荣耀局才是高端局的开始，而荣耀王者也被大多数玩家认为是"大神"。《王者荣耀》还对不同英雄战力做出分数的区分，一个星期一结算，如果在巅峰赛使用该英雄，使得英雄战力上升，那么周一结算上周打的战力时，该英雄很有可能按照地区划分排名上榜，成为"鄞州区第三十八亚瑟""山东省第十六夏侯惇"等。为了维持排名，玩家会不断地沉浸在游戏中，希望刷出更好的战绩，或者至少保住现有排名。

第七，广泛的游戏社交。网络游戏一般都设置了交友系统，一些游戏还需要组队进行，玩家既可以和陌生玩家随机匹配，也可以和熟悉的朋友一起并肩战斗，享受闯荡虚拟世界的快感，这也是玩家会快速沉迷的重要原因之一。在游戏中，与陌生人的互动没有地域限制，玩家之间能够放松身心，挣脱束缚，比在现实生活中更加自由地交往。

玩家方面的原因

如果一个青少年没有学习动力和生活目标，兴趣爱好很少，没有朋友，性格过于内向甚至孤僻，人际关系不佳，自控能力弱，或者自身存在某些缺陷，在现实中很难得到其他人的肯定与认同，那么他/她可能就会从网络游戏中去寻找乐趣，打发时间，追求虚拟成就，甚至重新塑造一个新的"自己"。人们，尤其青少年从众心理比较突出，如果周围朋友玩游戏的比较多，一些缺乏自制力的青少年也会因此而沉溺于游戏世界。

对于大学生而言，他们从高中繁重的课业中解脱后，急需寻找放松自我的方式，再加上课余时间增多，觉得无事可做或者缺少学习目标的大学生就容易陷入无聊情绪，在网络中去寻找刺激和快感，进而出现游戏成瘾行为。

家庭和学校方面的原因

青少年的家庭关系和家庭氛围对于他们是否沉迷于游戏也有比较大的影响。学者们普遍认为，生活在一个不幸福、氛围压抑、存在暴力行为、父母亲人对子女不够关心或没有很多亲子时间家庭的青少年，更容易陷入游戏营造的虚拟世界。缺少陪伴和监管、缺少爱、缺少现实活动尤其户外活动的青少年，更容易被网络游戏中的虚拟社交和虚拟成就所吸引，转而从网络游戏中寻求安慰，从而沉溺其中。

青少年时期，升学压力较大，繁重的课业和长期的应试教育使学生难以负荷，而网络游戏则成为很多青少年纾解压力、发泄情绪的方式之一，一部分自制力较差的学生极有可能在这个时期沉迷于游戏。

网络游戏成瘾的危害

众所周知，长期、过度地玩网络游戏，会对玩家造成身心伤害，也会影响玩家的生活与工作。

从第四部分电竞职业选手的分析里我们可以知道，高强度玩游戏对身体的影响非常大。长时间久坐或者保持一个姿势会对玩家的颈椎、肩关节、肘关节造成损伤；眼睛长时间盯着电脑或者手机看，会使得视力下降。玩游戏时精神高度集中，会让人疲劳，做其他事情时打不起精神。相关报道数据显示，网络游戏成瘾的大学生可连续玩游戏超过十几个小时，甚至几十个小时。当他们脱离网络世界时，身体一时无法适应环境的突然变化，会出现短暂的眩晕、头疼等现象，严重的甚至可能出现猝死。同时，成瘾玩家在游戏终端获得的心理满足，使他们的身体已经适应了网络的虚拟社会，因此，当他们不玩游戏时，会在不同程度上出现戒断征兆，例如，突发抑郁症及情绪烦躁等。

部分玩家在沉迷网络游戏过长时间后会对现实生活产生一些幻觉，具体表现在：注意力不能集中、灵敏反应度差等。若游戏中某一关卡长时间未通关，他们的心理上还会产生一种挫败感或相关消极情绪。而游戏通关过程一旦停止，他们又会感觉到空虚，认为生活中没有其他可使他们产生兴趣的事情，会出现食欲不振、精神萎靡、记忆衰退等现象。

除了对玩家个体的身心造成损害，网络游戏成瘾还会影响玩家的日常生活与学业。沉迷网络游戏，使玩家没有充足的时间和精力去学习或工作，容易引发家庭矛盾，造成家庭关系紧张。一些玩家为了在游戏中追求更多成就感，会不断充值购买游戏装备或皮肤等，甚至可能为了获取金钱而发生偷盗、抢劫，甚至挪用公款等违法犯罪行为。

已有治疗游戏成瘾的方法

网络游戏成瘾对玩家伤害很大，学校、家长，以及部分玩家自身都在积极寻求有效的解决方法，尤其是青少年玩家的家长。曾经流行过，或被家长们使用过的针对游戏成瘾的方法大致可以分为规劝惩戒法、心理治疗与药物治疗法、强制封闭管理法三类。

规劝惩戒法是家长和学校发现青少年游戏时间过长，出现成瘾症状时首先采取的方法，即告知他们游戏的不良影响并一定程度上限制或惩罚他们的过度游戏行为。这种方法通常以谈话的方式进行，在不得已的情况下会采用强制手段如没收手机、平板等电子设备，处分退学等。规劝惩戒法的优点是网瘾程度较轻的孩子能因此被警醒，主动或被动脱离游戏环境回归正常生活。但这种方法治标不治本，没有针对青少年自控能力的提升采取有效措施，因此，当青少年一旦有机会身处游戏时空时便很容易再次沉迷。这种方法对网瘾程度较深的青少年来说效果也不够好，劝诫之话如同耳旁之风，很容易就会被忘记，惩戒行为有时还容易引起青少年的反抗，甚至引发极端行为。

第二种方法是心理治疗与药物治疗法，即向专家求助，根据成瘾玩家的"病情"对症下药，使用药物治疗或进行心理疗法。成瘾包括游戏成瘾、网络成瘾等都与行为者的心理状况有关。这种方法从青少年玩家的心理状况入手，由心理医生和精神科专家采用专业量表对玩家的游戏行为进行评估，再结合玩家的精神状态和日常生活学习情况给予相应治疗，具有一定科学性。但有时会出现因为治疗机构或治疗专家不够权威而导致的判断不准确，从而影响行为矫正效果。

第三种方法是强制封闭管理法。这种方法是指将成瘾玩家（主要是青少年）送入专业戒网瘾机构进行封闭集中管理，以期经过一段时间的训练和矫正使他们隔绝游戏，回归正常生活。这类机构往往设立在封闭或偏僻的地方，以防止学生逃跑，通常采用一些违法的行为对待成瘾青少年，如辱骂、体罚、禁闭，甚至是电击。被送入戒网瘾机构的青少年极易受到重大的身心损害，轻者内心留下阴影，重者甚至自杀。

一位受访中学老师这样谈到他接触过的一位被送入此类机构的学生："给我印象最深的是我教语文的一个班的学生。那个孩子总是坐在教室最后一排，平时不怎么听课，但是成绩还可以，中等水平。这个孩子是很聪明的，但是好像听他班主任说就是喜欢打游戏，有点沉迷于这个东西。后来有一段时间发现他没来上课，才知道是被他父母带到那种戒网中心去待了两个月左右。然后回来的时候还真的就把这个网给戒掉了。但我后来看这个孩子啊，他就看什么（东西），眼睛都是那种呆滞的，不像之前那么灵动啊，就觉得整个人就像受惊的小鹿一样，有时候你拍他一下，提醒他一下，他就非常惊吓，我觉得他可能是在那个戒网中心受到什么不太好的对待，非常强制性地把这个网戒掉了。我觉得这样对孩子也是不太好的，虽然这个网戒掉了，但搞得都没有精气神儿了。"（浙江省L市重点初中初三老师）

可见，此类强制戒网瘾的方法实际上对青少年的身心健康有着非常大的损害。以杨永信负责的临沂网戒中心为代表的此类机构，曾经普遍采用电击疗法来迫使青少年听从父母指令，变得百依百顺。但实质上这种顺从只是因为疼痛和恐惧而导致的服从甚至麻木，并非因为青少年真正认识到过度游戏的危害。这种疗法不仅不能真正解决游戏成瘾的问题，反而会对青少年玩家造成严重的身心创伤，影响到他们未来的成长。

第二节　家庭生活中的权力博弈

2017 年，腾讯针对注册用户达 2 亿的旗下热门手游《王者荣耀》，上线号称史上最严格的防沉迷系统，陆续推出实名身份认证、限制每日登录时长及时段、升级成长守护平台等几项措施，借以限制未成年人尤其小学生的过度游戏行为，应对社会舆论。然而，在个人信息泄露情况严重的当下，实名身份认证并不能完全解决问题，防沉迷系统甚至在上线首日即遭破解。腾讯此举在获得社会肯定的同时也引发对其实际效果的大量质疑。以人民网为首的央媒甚至连续发文，呼吁公众正确认识网络游戏，号召政府、企业和社会共同努力，在包括防沉迷系统在内的广泛领域通力合作，构建健康可持续的游戏环境。其中，家长教育尤其家长对子女游戏行为的管理和引导被《人民日报》、新华社等央媒着重提出。

那么，在包括未成年人在内的青少年玩家的日常游戏实践中，家长如何管理并控制子女的游戏行为，子女如何看待并回应这种控制，这种权力博弈在玩家游戏行为和游戏态度上又起到怎样的影响呢？

日常生活实践中的抵制

受福柯与布尔迪厄影响，德·塞托将日常生活看成一个处在全面监控之下的宰制与抵抗的斗争场域，存在着支配性的权力和规训机制的重重压制。但是生活于其间的人并非完全被动。德·塞托认为，看似琐碎、单调、重复的日常生活实践却蕴含着巨大的反抗能量。言说、阅读、行走、购物，乃至烹饪，都可以被实践者采用，用于从微观层面进行持续、细微、创造性的抵制，因为"从来就存在着的每天的生活，充满着价值和神秘，孕育着多种可能和创造力"①。

"抵制"是德·塞托日常生活实践理论的核心。抵制则意味着压制与抗争。德·塞托将日常生活实践中的抵制分为相互对立的战略与战术两部分。其中，战略是一种力量关系的计算，从意志和权力的主体与"环境"分离开来的那一刻起，这种计算就具有了可能性。战略假设存在一个"专属的"场所，作为其与外部建立联系的基础。战术则缺乏自己的场所，只能在他者的空间里依赖于时间，伺机而动捕捉机遇的"翅膀"。②德·塞托用"假发（la perruqne）"的例子生动说明了这种战略与战术之间的博弈。雇员在雇主规定的工作时间内在限定工作场所里从事生产工作，但雇员并非总是在给雇主干活，他们会偷偷利用工作场所的便利条件和剩余原材料为自己干活，比如秘书在上班时间写情书，或木匠借用雇主的车床打造自己的家具。这种行为被法国雇员称之为"假发"。③雇员的工作场所被雇主看作专有的战略场所，场所内的各种规章制度被用以实施规训与宰制，雇员则借助"假发"战术，"成功地将自己置于周围的既定规训之上"④，在战略间歇进行灵活抵抗，透过日常生活实践来开创自主性的行动空间。

德·塞托的日常生活实践理论建基于对社会政治、经济、文化领域权力关系的全面考察，强调普通人对于霸权的反抗与戏弄。他的研究虽立意宏大，却着眼于大众日常生活的细微环节，这也使得我们得以在更广泛的领域运用其理论来审视社会生活的方方面面，包括青少年玩家的日常游戏实践。

吴飞认为，日常生活的"实践"就是作为实践主体的人在各种错综复杂的场所中，在各种机制力量、具体欲望、特定环境之中，小心翼翼地探求各方面的微妙

---

① 刘怀玉. 现代性的平庸与神奇：列斐伏尔日常生活批判哲学的文本解读. 北京：中央编译出版社，2006年，第 36 页.

② Michel de Certeau. The Practice of Everyday Life. Berkeley: University of California Press, 1984:34−42.

③ Michel de Certeau. The Practice of Everyday Life. Berkeley: University of California Press, 1984:25.

d Michel de Certeau. The Practice of Everyday Life. Berkeley: University of California Press, 1984:26.

平衡。[①] 从深度访谈的结果来看，青少年玩家及其父母在玩游戏这件事上确实存在着控制战略与抵抗战术之间的迂回往复，双方在不同情境下采用不同战略与战术，维持着健康、学业及亲子关系三者之间的平衡。

控制者的战略

作为青少年游戏行为的首要控制者，父母在青少年子女的游戏行为上并非一味采取封堵战略，而是在确定自身宰制地位的基础上采取控制游戏设备、限制游戏时间、设置专属地点的战略方式。

部分玩家父母不为子女配备手机或电脑，或是让子女在父母的监管下使用这些游戏设备。玩家M4的父母都是大学教师，M4曾经有过自己的手机，但因为玩游戏过多被父母没收，"我以前有过手机，我是有微信的，但微信号和密码都忘了，基本上都两年没用了。现在我没有手机"。玩家M30的母亲也坦言："平时他是没有权力自己带上网电话（指手机）的，我来保管，不敢冒险让他自己管理上网电话。"

允许子女自行拥有手机或电脑的父母，有些会设置开机密码，以此来防止子女在自己不在的时候偷偷玩游戏，但更多时候，父母的管理战略是制定规则，控制游戏设备的使用时间。

"我爸爸妈妈都是老师嘛，管我还是管得挺严的。但是会有约定每个星期玩两个小时这样。或者我字练得有进步、成绩有进步什么的，也会有额外时间。"（玩家F1）

"父母知道我玩游戏，有反对，主要就是跟他们（协商），看什么时候能玩，然后玩的时间有限制。父母知道玩游戏的好处，但还是怕我玩得太多，一般可能就是我爸心情好让我玩一下，大概是两周只能玩一次。"（玩家M4）

"周末每次15分钟，每天3～4次，平时住校不玩。"（玩家M31父亲）

---

① 吴飞."空间实践"与诗意的抵抗——解读米歇尔·德塞图的日常生活实践理论.社会学研究.2009(2): 177-246.

控制时间的另一层含义是不能影响正常的生活作息，比如吃饭和睡觉。这基本上是所有父母的战略底线。

"他们是不会管我的，但是如果控制不住自己，那他们就要说了。比如说我以前的时候，吃饭时间还在玩，他们叫我去吃饭，我说'打完就去打完就去'，这个时候他们就会生气，这种就是当时控制不了自己那种感觉。"（玩家M8）

"比如半夜12点如果他们看到我还在玩游戏，那肯定就很火了。"（玩家M12）

在一些父母看来，游戏时间的控制固然非常重要，但游戏地点的限定也是家长权力的一种象征。人类学家Mary Douglas将"家"视为一个另类的权力空间，在这个空间里，生活用品有着特定的摆放意义，人的行为受到权威（家长）的规训与指引。[①]"家"是一个结构性的存在，也构成了德·塞托所谓的"专属地点"。在家的范围以内，部分父母严格禁止子女玩游戏，虽然这种禁止更多只具有符号层面上的意义，就如玩家M20的母亲那样。

"我妈只要我在家就不准我玩游戏。我回家的话就去网吧玩，反正就在家里别玩游戏就行，我自己出去去网吧玩是可以的。去网吧，其实她也知道的。就家里可能是一个理念问题吧，在家里别玩游戏，其他干什么，迟点睡，看直播都可以。"（玩家M20）

抵抗者的战术

日常生活的实践就是作为实践主体的人相应于具体环境、具体规训机制而进行的"使用者的运作方式"[②]。关于父母对子女游戏行为的控制的已有研究，偏向于讨论父母采取了哪些措施来管理子女玩游戏的行为，以及这些措施的效果。游戏"使用者的运作方式"则较少进入研究视野。实际上，面对父母的战略控制，青少年玩家采用了各种运作方式来进行抵抗，保障自己的游戏空间。

根据游戏教育专家Marc Prensky的划分，青少年是信息时代的"数字原住

---

① Mary Douglas.The Idea of a Home:A Kind of Space.Social Research, 1991, 58(1):287–307.
② 张荣. 抵制·消费·散步——米歇尔·德塞尔托的日常生活审美化理论.温州大学学报（社会科学版），2011(6):80–85.

民"①，他们不仅比父母更习惯数码文化的消费，也比父母更擅长信息技术的掌握与运用，因此他们的战术首先是利用父母在这方面的能力缺席，破译密码，获得对游戏设备的短暂拥有。

"不过我的电脑我知道密码，那个密码是我自己设的，他们改密码，我也可以进去。他们也知道我可以在他们不在的时候进去。"（玩家M4）

"她给自己的手机设了两重密码，我不晓得。人家设的是什么网虫密码，不懂哦，根本就不给我们看。"（玩家F16母亲）

置身于父母对游戏设备和专属地点的控制之下，青少年玩家尤其未成年的青少年玩家只能寻找机遇，以时间换空间，利用父母监管缺席的间歇偷着玩。德·塞托所谓的专属地点的缺乏也就赋予了战术实施者以灵活性，以便他们迅速把握住瞬息提供的机遇。②

"父母如果说，就继续背着玩。"（玩家M13）

"我们班很多同学都是这样，他们爸妈平时都在外面，他们一回到家就开始玩，他们有自己的手机的。很多同学都偷偷玩的，因为他们父母都特别忙，都是在企业里上班什么的，不太回家，所以他们玩得特别多。"（玩家M4）

其他形式的抵抗战术也开始日益为青少年玩家所用，比如转移、替代和言谈。玩家M20曾因为腰椎骨折休学一学期，父母允许他在家休养时每天晚上用父亲的手机玩2个小时游戏，但M20违背约定，跑到同学家玩游戏被母亲抓到，只好答应不再玩游戏，但却开始看电视里的游戏直播并对此振振有词："那你的意思是玩不能玩，连看都不能看啰，那你又没说过不允许我看。"M20利用父母的战略漏洞，在不能打游戏的时候利用看游戏来满足游戏欲望，成功将游戏空间从不被允许的手机转移到得到允许的电视。

一位目前上大三的男生，则在高中时期一直瞒着父母准备了一个非常逼真的

---

① Marc Prensky. Digital game-based learning.NY:McGraw-Hill, 2001. 转引自孙春在. 当数位游戏进入校园.新闻学研究，2011,(108):35.

② 米歇尔·德·塞托. 日常生活的实践 1.实践的艺术. 方琳琳、黄春柳，译. 南京：南京大学出版社，2015年，第97页.

模型机，等到交手机的时候就把模型机作为替代品交给父母，而将真正的手机留在身边偷着玩。

另外，作为一种日常实践的战术类别，言谈虽然还未被青少年玩家广泛采用，但已经有玩家开始有意识地运用言谈战术来劝服父母，试图争取父母对游戏行为的理解和许可。在接受我们访谈的青少年玩家中，有一位玩家曾就游戏的正面影响与父母进行过沟通。

"我交流过（跟父母交流过游戏的益处），我就是在父母面前玩那种一直闯关比较难的游戏，跟他们讲，一边讲一边玩。父母一般都是那种不屑一顾的表情，觉得除了写作业看书的话，其他的差不多对我们现在来说都是没什么用的，他们觉得。"（玩家F12）

另有一位母亲在谈到自己对儿子玩游戏行为的态度转变时，也提及儿子曾与自己交流游戏的社交功能："所有的家长肯定都是反对玩游戏的，不过我记得有一次我家小朋友给我聊天的时候说，妈妈我们是不能不玩游戏的，因为不玩游戏就没有同学跟我玩了，因为没有共同语言呀，我们班玩游戏玩得最好的就是我们班长。从这以后我就基本不反对他玩游戏了，我觉得他说得很对呀，我们小的时候，不会玩的同学确实就没有什么朋友。"（玩家M19母亲）

可见，言谈作为一种有理有据的辩论方式，即使尚未充分发挥出应有的作用，但亦正在被越来越多的青少年玩家用于向父母争取游戏权利。

战略对战术的妥协与强化

日常生活实践的抵制中，战略与战术天然是对立的关系，但在青少年日常游戏实践中，父母与子女，战略与战术并非一直处于对立的两面，而是会随着青少年的学业及身体状况而不断调整。其中，学习成绩和学业紧张程度是战略松紧变化的重要前提。

玩家M16就读于重点本科，他的父母从小学他开始接触游戏时起就为家里的电脑设置了开机密码，但记录密码的纸条被他找到。"他们其实也知道我破了密码，但是也没跟我说。按照跟我住一幢楼的我发小的妈妈的说法，'他们其实都知道了，他爸妈都知道的，只不过等他成绩掉下来的时候再说'，结果我成绩就是不掉下来，很尴尬。"M16谈到这事时一脸得意。另一名玩家M24是职高生，但其父母对他玩游戏并没有采取更严格的控制措施。

"就是正常的态度，没有太限制，因为我没有逃学打游戏。我的学习成绩一直很差，从一年级开始，我只要是语数英这种课，从来没考过及格。我成绩不是因为打游戏不好，是从小就不好，不管打不打游戏。"（玩家M24）

由此可以看出，在不影响正常学习和保持原本成绩水准的前提下，青少年玩家父母就有可能对子女的战术抵抗进行妥协，导致其战略控制有时候名存实亡。高一男生M19的母亲的话同样证实了这点，"只要每次大考他的成绩不要出现大幅度的波动，我们就给他充分的自由了"。同时，这种妥协还会随着青少年学程的变动而出现。玩家M1就读于普通本科，考上大学是父母对他玩游戏行为的态度和控制措施发生转变的关键点。刚结束高考的玩家M8也正经历着同样的战略变化。

"高中的时候父母是会限制我的，到了大学里，只要我不是一天到晚24小时在那里玩游戏，基本上他们还是比较开明的，就是要玩也可以玩。"（玩家M14）

"父母管束以前严，现在不严，但说还要说的。"（玩家M11）

青少年玩家情绪的变动有时候也可能导致父母做出一定让步。玩家M20被迫答应不再玩游戏后出现情绪化表现，父母遂商量还是允许他每天2小时的游戏时间。

"他老爸看他有点情绪化，昨天晚上又跟我说，游戏还是给他玩好了，真的这两个小时不给他玩，他也是这样子浪费掉了呢。最起码给他嘛还有点动力这样。"（玩家M20母亲）

当然，战略对战术并非只有妥协，也会有强化的时候。

"本身对孩子玩电子游戏我不是极力反对的，但他现在视力有点苗头了，考虑到保护视力，我还是做了些规定。"（玩家M30母亲）

"我爸妈虽说同意，但看着我玩着玩着嘴上还忍不住说几句（他们还是感觉不舒服），以后比如说我犯什么错了，或考试没考好，他们就会说因为游戏玩多了，有时我腿痛，他们也说我游戏玩多了，就是什么东西都能扯到游戏。"（玩家M4）

上述例子说明，当青少年玩家身体状况出现问题时，父母对游戏行为的控制会明显增强，即使这些问题与游戏本身并无关联。

就新的媒介应用包括网络游戏而言，父母越来越积极地介入子女尤其处于青少年时期的子女的日常媒介实践中[1]。Nikken & Jansz 发现，父母通常采用限制、积极引导和一起游戏三种方式来控制青少年子女的游戏行为，并大量运用其中的限制性措施。[2] Kousari & Mehrabi 也发现，限制性措施是伊朗父母在管理子女游戏行为时采用最多的控制方式。[3] 本研究亦有同样发现。从德·塞托的视角出发，战略是一种压制性、支配性的权力，是自上而下的宰制力量；战术是被规训、被压制的弱者对于强者主宰采取的反应，是自下而上的机智实践。[4] 在青少年玩家的日常游戏实践中，作为战略者的父母更看重对于时间和工具的控制，父母采取的战略主要有控制游戏设备的拥有和使用，尤其在使用时间上有比较严格的控制，也有父母对游戏行为发生的地点比较在意，将"家"看作自己的专属地点，不允许子女在其间进行游戏实践。同时，本研究还发现，控制战略会随着青少年子女的身体状况及学业状态的变化而增强。玩家M9和M13最开始都是因为父母才开始接触游戏的，但进入初中甚至升入小学高年级后，父母和子女"一起玩游戏"就变成了单向的控制战略。这可能是因为小学阶段的学业相对轻松，父母认为适当玩游戏有助于开发智力，一旦学业变得紧张起来，游戏开发智力的作用会立即被课堂知识所替代。此外，父母对子女游戏行为的控制也会根据情况变化而出现妥协和退

[1]　Violetta K.Schaan & André Melzer. Parental Mediation of Children's Television and Video Game Use in Germany:Active and Embedded in Family Processes.Journal of Children and Media. 2015,9(1):58−76.

[2]　Peter Nikken, Jeroen Jansz. Parental mediation of children's videogame playing: a Comparison of the reports by parents and children. Learning Media Technology. 2006,31(2):181−202.

[3]　Masoud Kousari, Meghdad Mehrabi. Parental Mediation of Children's Video Game Experiences: Iranian Parents' Strategies of Mediation.International Journal Social Sciences. 2017,7(1):5.

[4]　叶丹，张京祥. 日常生活实践视角下的非正规空间生产研究——以宁波孔浦社区为例. 人文地理. 2015,(5):58.

让。如果子女能够保证甚至超越已有的成绩水准，或者子女的学习不再特别紧张，以及子女出现较为强烈的情绪波动的时候，父母往往会做出一定让步，放宽之前的控制战略。

相对于战略者对于时间的控制，青少年玩家的相应战术则主要表现为利用自己掌握的信息技术优势，在父母监管的间歇，将碎片化时间挪用为游戏实践的阵地。也有少量青少年采用转移战术，将不被允许的打游戏转移为得到许可的看电视，通过在电视上看打游戏来满足游戏欲望。言说战术也开始得到运用，玩家试图通过对话增加父母对游戏的理解，获取游戏实践的自由。

第三节　学校教育中的监管与疏导

从上面的讨论我们已经知道，家长在孩子玩游戏这件事上，更多的是和孩子协商妥协，而学校对于青少年学生游戏行为的管理则采取了更多措施。

小学和中学一般不会允许学生将电子产品带到学校，首先从游戏设备方面保障了游戏行为的不可实施。一些重点中学对手机的管理非常严格，例如浙江省一所省级重点高中规定：学生如果在学校使用手机，第一次被发现就无条件让家长带回家反省一星期，第三次被发现就对学生进行处分。这个规定对学生的震慑作用非常明显，该校很少有学生敢将手机带到学校。另一所县级普高也规定：第一次发现，停学回家反省一星期；第二次发现，停学回家反省一个月；第三次发现，回家反省三个月，情况严重者将被劝退。中小学的班主任、教导主任、年级组长等老师还会时不时到课堂、寝室和学校周边的网吧里巡查，看看是否有学生偷偷打游戏。

铁腕管理从制度上杜绝了学生的过度游戏行为，不过有时也会带来一定的隐患。

"我们学校之前有一个人就是上课玩手机打游戏，被老师抓了。老师就当着全班同学的面把他的手机给摔了，还要请他家长，然后他就去跳楼了。后来那个学

生的家长就来学校闹，之后好像听说经过调解，那个老师辞职了，学校还给学生家长赔钱了。"（玩家M32）

"我们班主任还好，我们班主任很年轻嘛，他就二十八九岁，他有时候平时也会跟我们一起打游戏的。他告诉我们说，要有自觉性，要平衡好学习和生活，学习和打游戏，因为游戏也不完全是有害的，有时候也挺益智。我很喜欢他和我们学生这样朋友式的沟通方式，这样我们就很容易听信他的话。有时候想想他说的真的很有道理的，然后我们就会尽量地去控制住自己，该学习的时候学习，该玩儿的时候玩儿。"（玩家M32）

上述两件事发生在同一个学校。同样一件事，不同的处理方法，遇上不同的对象，产生了完全不同的两种结果。青少年身心发育还未完全成熟，情绪容易激动，对自己的行为也缺乏足够的控制。自尊心较强、情绪反应较易极端化、自控能力较弱的学生，碰上管理手段比较铁腕的老师，不仅可能无法解决问题，反而容易导致事态进一步发展。相反，能够理解学生，甚至和学生打成一片的老师，可能更容易对学生的行为产生有效引导。

一位副省级城市重点中学的老师自己也玩游戏。亲身体验使她对学生中流行的各款游戏比较熟悉，也对于中学生的游戏行为有着自己的见解。她认为，父母可以适当带着孩子接触一些简单的游戏，这不仅有利于培养亲子感情，一定程度上还可以减少孩子对于游戏的强烈兴趣与好奇。

"我个人不反对打游戏，可以适当玩一些锻炼心智和反应力的游戏如《马力欧》等。这类游戏适合家庭间父母与子女的互动，有利于促进交流与感情。"（浙江省N市重点初中教师）

但她同时也强调，一些设计相对复杂的网络游戏比如《哈利波特：魔法觉醒》容易使人上瘾，中学生自控能力弱，最好能尽量避免。

"其实，据我接触到的学生情况来看，中学生玩游戏的比例还是非常高的，特别是一些家长平时比较忙碌，无暇顾及孩子学习生活的家庭，孩子网游成瘾的情况还是比较多，甚至蛮严重的。我个人不太建议中学阶段的孩子过度玩网络游戏，因为网络游戏设计的任务关卡确实挺容易让人上瘾的。例如前阵子新出的《哈利波特：魔法觉醒》，因为蛮多学生在玩，所以我也试着去玩了，结果果然玩到了凌晨。从游戏设计的角度我很理解孩子们喜欢打的原因，但作为老师，就不太建议打网游，太容易上瘾了。一旦开始，可能大部分中学生都很难做到克制自己不沉迷。"（浙江省N市重点初中教师）

这位老师对游戏持有比较开放的态度。通过玩游戏，她在日常交流中跟学生有了更多共同语言，也更理解学生玩游戏的想法与行为。她和学生的关系亦师亦友。在此基础上，她一方面引导学生正确对待游戏，控制游戏行为，一方面将游戏模式引入日常的学生管理中，用以转移注意力，激发学生的学习兴趣和好胜心。在她的引导下，班级学生总体充满活力。

第四节 在规范和引导下向阳而生

游戏具有两面性已是毋庸置疑。要想让游戏起到锻炼思维、培养情商、激励斗志的作用，在青少年成长过程中发挥积极影响，同时又避免他们因过于陷入虚拟世界而沉溺网络，影响现实生活，需要政府、企业、家庭、学校，以及最为重要的玩家自己共同努力，打出一套组合拳。

政府举措

事实上，国家在青少年尤其未成年人的游戏行为限制方面一直在做着不懈努力。

2019年10月，国家新闻出版署发文，要求网络游戏企业建立用户实名注册系统，实行实名注册制度。针对未满18周岁的未成年玩家，新闻出版署要求网络游戏企业不能在每日22时至次日8时的夜间时段，以任何形式向未成年人提供游戏服务。在提供游戏服务的时长方面，规定法定节假日每日累计不得超过3小时，其他时间每日累计不得超过1.5小时。在充值金额方面，要求同一网络游戏企业所提供的游戏付费服务，8 周岁以上未满 16 周岁的用户，单次充值金额不得超过 50 元人民币，每月充值金额累计不得超过 200 元人民币；16 周岁以上未满 18 周岁的用户，单次充值金额不得超过 100 元人民币，每月充值金额累计不得超过 400 元人民币。

2021 年 6 月，新修订的《中华人民共和国未成年人保护法》正式实施，其中新增的"网络保护"章节明确规定，网络产品和服务提供者不得向未成年人提供诱导其沉迷的产品与服务。2021 年 8 月底，国家新闻出版署颁发《关于进一步严格管理切实防止未成年人沉迷网络游戏的通知》，再次对未成年人使用网络游戏服务的时间做出严格规定，要求所有网络游戏企业仅可在周五、周六、周日和法定节假日的每日 20 时至 21 时向未成年人提供 1 小时网络游戏服务。同时强调各级出版管理部门需加强对网络游戏企业落实实名注册登录和规范充值等情况的监督检查。

这些措施有效地限制了游戏企业的服务时间和服务内容，客观上硬性减少了未成年玩家的玩游戏时间，一定程度上减少了玩家游戏沉迷的可能性。只要这些措施能够有效地落实到位，对于规范青少年玩家的游戏行为将起到很好作用。

游戏企业

网络游戏已经是重要的文化产业构成部分之一，为了控制游戏成瘾而限制游戏企业发展显然并非良策。但是网络游戏企业作为游戏开发商和运营商，也需要承担起自己的社会责任，可以在游戏设计和运营方面采取一定措施，在保证利益的同时规范游戏行为、减少成瘾现象。

进行游戏分级是一种方式。Martí 和 Figueroa 等人都发现，了解游戏分级制度的父母在控制子女游戏行为时更为有力。[1]、[2] 这说明，尽快实现游戏分级非常必要，合理的分级制度将有助于加强父母对子女游戏行为的引导，保护青少年的健康成长和游戏产业的持续发展。

限制游戏装备充值金额也是游戏企业可以采取的措施。在 2016 至 2019 年的三年多时间里，安徽省滁州市不动产登记中心一位 95 后工作人员张某侵吞了近七千万元的市民买房托管资金，其中一部分用于购买游戏装备。他最初的犯罪也源于充值买装备时没留意，将买房者转到自己银行卡上的数万元托管资金全部刷光，从此在侵吞公款的道路上一发不可收拾，曾一度依靠不断充值购买顶级装备而登上一款网游某赛区的排行榜榜首。因此，游戏开发商有必要在游戏投入方面作出一定限制，通过控制充值金额和减少需要充值的游戏玩法，来降低金钱投入可能给玩家带来的风险，规范游戏行为。

家庭

家庭是青少年进行社会化的第一个初级群体，对青少年行为习惯和价值观的形成起着非常重要的作用。青少年玩家的游戏设备和资金投入主要来自父母，其游戏行为因而很大程度上会受到家庭的制约。父母家人需要在青少年的成长过程中，与他们平等对话，了解他们的想法与需求，然后再对其游戏行为进行合理的管束和引导。

理解与沟通

游戏已是青少年教育无法避免的一个话题，没有一个学生能够完全脱离游戏的影响。与其堵，不如疏。因此，家长应该首先主动去了解有关游戏的更多东西，无论是游戏的玩法、益处，抑或游戏的圈钱手段、运营机制等。只有站在比孩子

---

[1] Luz N Colón-de Martí, Linnette Rodríguez-Figueroa, Lelis Nazario, et al. Video games use patterns and parenteral supervision in a clinical sample of Hispanic Adolescents 13-17 years old. Boletin de la Asociacion Medica de Puerto Rico. 2012,104(1):23.

[2] Shin W, Huh J. Parental mediation of teenagers' video game playing: Antecedents and consequences. New Media & Society. 2011,13(6):945-962.

还要高的角度去理解游戏，才能与孩子更好地对话，更好地给孩子提供合理建议，帮助孩子戒除网瘾。

很多家庭中由于游戏引起的父母和孩子之间的冲突其实就是因为二者对于游戏这个事物本身的判断不清晰，过于看重或者过于看轻，从而引起双方的思想碰撞，如果再加之代际差异和交流上的表达不当，就非常容易引起矛盾甚至是冲突。如果青少年玩家的父母愿意去了解游戏世界以及孩子玩游戏的原因，能够理解玩游戏对于孩子尤其是高中阶段的学生确实是一个非常好的发泄压力的渠道，那么双方的沟通会比较顺畅。

通过访谈我们发现，大部分家长对游戏都持有一个相对理性的思考，并没有对游戏表现出绝对的恶意。家长们对于游戏基本持中立的态度，在指出游戏浪费时间、影响学业和损害健康的同时，也能认识到游戏在思维训练、释放压力，以及娱乐和社交方面的作用。只要不出格，很多父母并不会对孩子的游戏行为进行过多管束，更多的是在双方协商的基础上实现一种平衡。

"他高中的时候喜欢玩游戏，我们又不让他玩。然后他就想出了一个办法，和我们约法三章，就比如他考试考进了前多少名就可以增加多少玩游戏时间。这小子还是很聪明的，知道用这种方法来和我们讨价还价，来商量。所以我们后面也就在他稳定住自己成绩的情况下让他玩游戏了。现在想想确实也是，你说一个小孩子在高中那么大的压力下面，总要有个释放压力的方法的。父母和他们之间又有代沟，所以玩玩游戏可能对于他们来说确实是一个比较好的放松手段。"（玩家M33母亲）

M33是一名大二男生，他的父母和他达成一致，在他能够保持住原有成绩的情况下允许他玩游戏，让他的学业压力能够有机会得到释放。采取同样的沟通协商方式的父母亦不在少数。

"我们班的一匹黑马，他之前刚上初中的时候成绩很差，就特别喜欢打游戏，每天都打游戏，有时候还放学之后不回家就跑到网吧去打游戏。后来我们班主任就和他的父母联系了，他的父母就把他带回家了一周。好像听说他和父母应该是达成了什么妥协吧，大概是每周会给他留固定的上号打游戏的时间。回来之后，他就慢慢开始好好学习了。他现在成绩非常好，在我们班每次都是前五名这个样子。他现在打游戏的话，也还是偶尔会玩儿的，但就没有以前玩得厉害了，就偶尔当作消遣来玩儿这个样子。我觉得他就是找到了一个平衡吧，然后娱乐和学习两边，就都可以兼顾了。"（玩家F17）

"有一个男同学是温州的，之前学习成绩一直都很好，而且很乖的，突然一次期中考考得很差，我就找他问他为什么，他说自己考试那几天身体不好，所以没考好。我也是半信半疑，后来一直在课上观察他。然后在一次自修课上我在窗外偷偷看到他好像在低头看手机，然后就被我抓了。打电话给他爸的时候了解到，他爸爸是在西安做生意的，听到这件事后也很着急，当天下午就坐飞机过来，从温州的家开车到校门口把儿子接走。他爸爸是非常重视对孩子的教育的，非常希望他能上一个好大学，这件事也让他爸爸真的急了。他爸爸就在缙云这里带着他住了一星期的宾馆，也没有骂他，还开车带他到附近转转，带他吃好吃的。这个男同学后来可能实在是良心过不去了，在爸爸面前大哭，保证以后肯定会好好学习不玩手机。然后一星期后这个男同学也回到学校了，接下去学习都非常认真，后来也考上山东大学了。"（浙江省L市重点中学教师）

从上面的访谈来看，父母与孩子进行有效沟通非常重要。家长对孩子是知根知底的，比较清楚孩子的性格爱好和优势劣势。当游戏行为及其影响超出正常范畴时，父母需要在已有基础上进一步加强与孩子的沟通，了解具体问题所在，并根据孩子情况及其诉求予以协商讨论，寻找到解决问题的适当方法。在这一点上，父母需要充分信任孩子，平等地与孩子对话，而不是一味采取强制手段。后者有可能激起孩子的反抗情绪，最终不利于解决问题。

监督与控制

父母和孩子在游戏行为中的博弈过程追根溯源其实就是，孩子"探知底线—接受约束""探知底线—打破底线—家长妥协—接受新约束"的过程。作为子女，尤其未成年子女的第一监护人，父母加强对游戏的理解和与子女的沟通是第一步，设定"底线"和进行监督控制则是必备的第二步。从本章第二节的讨论我们知道，无论是否玩游戏，或者是玩游戏的时间长短，父母都应该对子女的游戏行为设定一个"底线"，对子女玩游戏的时间投入与金钱投入进行相应监督与控制，以规范并矫正青少年玩家的游戏行为。

培育与引导

正如玩家 M20 的母亲所说，"因为小孩现在的逆反心理也比较强，如果完全控制他不玩游戏根本不可能"，父母如果能重视亲子关系的建设，重视子女健康人格和健康行为的培育，引导青少年子女增强自控能力，则能够在一定程度上避免游戏的负面影响。因为就像赫伊津哈认为的那样，游戏不是"平常"生活或"真实"生活，每个孩子都心知肚明他"只是在假装"，或者说"只是好玩而已"。一旦现实中有更有意义更好玩的事情发生，青少年可能就会放弃游戏进入现实空间。

"回到家里以后并不是很想玩电脑，因为现实如果约到朋友的话还是可以出去玩的，打打牌啊，聊聊天啊，都挺好的。甚至于唱歌啊，出去徒步一下，都挺好的，回到家反而我玩游戏的时间减少了。"（玩家 M16）

"我觉得在家里生活还是比较规律的，去网吧也没什么意思，就尽量在家里，所以说放暑假后我基本就不怎么玩游戏了，比较多的还是线下和朋友出去桌游、锻炼啊什么的。"（玩家 M27）

学者黄少华发现，青少年借助网络游戏寻求的，主要还只是一种情感上的满足、释放与慰藉，借助游戏在虚拟世界中短暂地感受在现实生活中被压抑的自我实现和成就满足。[1] 如果父母能够从小培育健康的亲子关系，在日常生活中能够多从正面肯定子女表现，并且有意识地鼓励或安排子女多参加现实中的各种活动，也能利用线下生活的丰富性冲抵来自网络游戏的诱惑，将在一定程度上减少玩家对游戏的依赖。

---

[1] 黄少华. 网络空间的社会行为——青少年网络行为研究. 北京：人民出版社，2008 年，第 257 页.

体验与抉择

对于确实想走电竞职业道路的少部分青少年玩家，家长可以设法去电竞俱乐部了解具体情况，或寻找机会带孩子去电竞训练营体验一段时间。这种做法一方面体现出父母对孩子的充分尊重，有利于双方的后续沟通与协商；一方面也让孩子对电竞选手的幕后生活、职业发展前景有更多了解，在此基础上再让孩子作出自己的判断就相对容易。

奥运会乒乓球冠军得主邓亚萍的儿子酷爱游戏，在某款手游的一个角色上达到了北京市第一的水准，一度也有成为电竞职业选手的想法。邓亚萍没有强迫儿子改变想法，也没有盲目支持，而是去考察了两家顶级职业电竞俱乐部。当她将了解到的情况告诉儿子后，一天 12 小时的训练强度使孩子主动放弃了走职业电竞道路的想法，转而更专心地投入乒乓球训练中。

如果子女在充分了解情况后依然愿意走上职业道路，并且也有此天赋，那么家长应该尊重孩子的选择。毕竟，能够找到一份自己有能力从事并且也喜爱的职业不太容易，父母应该给予子女探索自己生活的权利。玩家 M29 就是一个例子。M29 是俱乐部的职业电竞选手。对于他的职业选择，父亲很支持，母亲和爷爷奶奶一开始都比较反对，爷爷还一度要去上海的俱乐部把他接回来。在父亲和他的解释下，家人们了解到电竞职业也是一份正当职业，有五险一金和法定休息日，而且工资待遇并不低，这才逐渐扭转态度。

这种体验方式对于那些并未打算从事电竞行业但已经有点沉迷的玩家而言，也有一定作用。

"现在就好了，游戏终究是游戏。没自控力的时候会这样子（指沉迷）。游戏这种东西你放一段时间随便玩，什么时间都可以玩，你自己就会玩厌的。都能玩的时候，你自己会选择，像大学太自由了，你自己就会控制好自己。如果那种每天给你规定你只能玩半个小时，你反而想逃个课去网吧玩。"（玩家 M3）

正如玩家 M3 所述，在父母的高压管束下，游戏反而愈发地受到魅力加持，可能引诱青少年玩家想尽办法去玩。而一旦有了充裕的游戏时间，经过一段时间的游戏体验后，玩家反而可能对游戏丧失了兴趣。有时候，父母不妨也采用这种方式"放任"一段时间，也许青少年在体验过后就会对游戏"祛魅"，主动不再玩游戏。

学校

青少年网络游戏成瘾问题有很多影响因素，在预防和干预网络游戏成瘾中，应当"以人为本"，需要针对性地制定干预措施，用一种更为积极和建设性的方式去开展研究。要避免青少年网络游戏成瘾，需要家长和学校在思想和行为上进行督促，"强化疏导、疏堵结合"。其中非常关键的一点是提升青少年玩家的学习积极性及学业认同感，让他们对自己的身份有清醒的认识，知道应该做什么，从而减少网络游戏的沉迷与依赖。

作为青少年接受教育和发展自我的最重要场所，学校应加强课程开发，注重教学活动和教学手段的多样化，比如适当地引入游戏化教学，提升对少年们各方面的均衡培养，以学校的丰富生活来吸引青少年，避免他们陷入游戏世界营造的虚拟美好之中。

学校还需要多元化评价体系，不只以成绩看待一个学生的好坏，不只培养学生学习课本知识，而是争取让每个少年都找到自己的兴趣和发展方向。同时，学校教师也应关注每个少年的不同情况，因材施教，及时发现学生问题，主动与家长沟通配合，加强对学生游戏行为的引导。

玩家自身

玩家是游戏行为最关键也是最重要的主导者。对于青少年玩家而言，要加强自我认知和自制力，在家长和老师的帮助下做好成长规划，在面对问题和困难时不要放任自我，而是提升心理承受能力，不逃避现实，咬牙坚持并寻求各种解决方法。如果是已经出现游戏成瘾现象的少年，需要与家长、老师或者是关心你的人一起，分析问题、认清状态，就像打怪升级一般一步步地找到自己的问题所在，积极去应对它，解决它，通过自身行为控制和外界干预，努力战胜"网瘾恶魔"。

避免网络游戏成瘾的行为建议

1.卸载游戏。不论是手游还是页游，要卸载是十分容易的一件事情，但是要下定决心再不重新下载回来，是一件很难的事情。不过如果意识到自己沉迷游戏，那么狠狠心，卸载游戏也是迈出了关键性的一步。就算之后还是会继续下载回来，但对游戏的不可失去感会有所减弱。

2.尝试着去玩入门门槛高的游戏。简单的奖励机制与即时反馈是容易沉迷游戏的原因之一，那么当奖励机制不再能容易获得，反馈无法及时收到时，继续游戏的兴趣就会减少，把玩游戏变成一件无聊甚至不愉快的事情。

3.去玩单机游戏，沉迷单机游戏的可以去写游戏攻略。如果沉迷游戏中的交友而难以抽离，那么可以尝试着去玩一些没有社交互动的单机游戏。如果单机游戏成瘾，可以尝试去写游戏攻略。游戏中的不确定性与神秘感是容易成瘾的原因之一，游戏攻略则是把游戏中的不确定性和神秘感一一挖掘出来，当神秘感已经不再能保持神秘时，游戏对玩家的吸引力就会相对减弱。

4.远离经常玩游戏的好友，减少网上交友。有些时候，你其实并不想玩这个游戏，但是经常一起玩的好友邀请你上线，你就会再度沉浸在游戏中。广泛的游戏社交是玩家容易沉迷的重要原因，因此，减少游戏社交在一定程度上可能减少成瘾的概率。

5.玩游戏时关闭音效调低画质。游戏声画是吸引玩家的必要条件，例如《王者荣耀》的英雄自带出场语音，击败对手时有特定的击败音效，打小怪时也有特定音效。这些美轮美奂的画面和激发斗志、宣扬成就的音效都对玩家有莫大的吸引力，诱导玩家不断玩下去以享受这种成功的快感。当你把这些音效全部关掉，把画质降低之后，就会发现这个游戏对你的吸引力下降了，会觉得继续玩下去很无趣。

6.不要在游戏里充钱，减少沉迷可能性。在游戏里付出的时间、金钱、精力都会成为玩家离开游戏的羁绊，很多玩家舍不得这个账号是因为在这个账号里充了很多钱，玩了很久，无法从游戏里抽身，而导致一直在这个游戏中沉迷。

7.试着去当代练。当爱好变成"职业"的时候，有人会觉得很幸福，但也有人会觉得很痛苦。因为爱好是用来享受的，你想什么时候做，做多长时间，在哪做，为此花费多少精力，最后得到什么结果，这些都是由你自己来决定的，非常自由。然而，兴趣具有易变性，而且短时间做自己喜欢的事情会觉得很有趣，也许天天做、年年做就会感到很厌烦，特别是在碰到困难的时候（这是从事任何工作都必然会碰到的），空有热情是很难支撑下去的。玩家可以去试着做一下代练，一旦游戏成了职业，而职业一定是被各种各样的规则束缚的，它规定了你的时间，你的质量。在这种情况下，不论你多喜欢它，都做不到全身心享受这个过程，对于游戏可能就会兴味索然。

8.想玩的时候可以去看游戏的黑帖，多了解游戏被玩家所诟病的一面。玩游戏是因为感到快乐，如果不快乐的程度超过了快乐的程度，那么就会减少在游戏上付出的时间。比如有玩家在网上发帖吐槽《闪耀暖暖》抽卡时的概率太过悬殊，保底210出卡，有些玩家340出球，但是有些人140次就能有卡有球，中间相差好几百块钱。尚未抽卡的玩家如果看到帖子就会心生忐忑，对游戏心生退意。尤其是抽卡后发现自己的掉率比也很低时，玩家就会产生"果然如此"的不满意情绪，进而果断退游。

9.尝试着使用艾宾浩斯遗忘曲线玩游戏。艾宾浩斯曲线又被称为遗忘曲线，由德国心理学家艾宾浩斯研究发现，描述了人类大脑对新事物遗忘的规律。艾宾浩斯发现，在某件特定事件发生后的第1、2、4、7、15天，大脑的遗忘进度陡然加快，这些特定的时间点被称为"遗忘点"。不愿上瘾的玩家可以尝试在第1、2、4、7、15天打游戏，在这段时间内，意识到自己可以忘记打游戏的时候，要避免成瘾就会更加容易，你远没有自己想象中的那么爱玩游戏。

10.找到另一种爱好代替打游戏。生活空虚的人容易陷入游戏，就算戒了游戏还会陷入别的东西。上面方法的效果都是因人而异的，只有找到真正擅长做和喜欢做的事情，玩家才会脱离游戏的诱惑，走出游戏世界，用现实的成就感和快乐去替代虚拟世界的欢乐。

做好成长规划

青少年时期是个体成长过程中非常关键的一个时期，在这一时期，个体会逐渐认清自我，形成较为完善的自我认知，并对未来发展产生较为清晰的规划。沉迷于网络游戏的青少年玩家中，大部分都是对于个人发展没有明确的认识，才会在游戏中消耗时间与精力的。这其实也是一种逃避现实的表现。

"我现在对深造这些其实都不是非常了解，比如说我们现在才大一，如果要深造是要先专升本吧，专升本以后如果再深造是要考研对吧，这些我们都不是太了解。大二才会慢慢考虑，先玩一年再说。"（玩家M8）

"最主要就是现在比较茫然，我不知道我以后到底要干嘛，不知道我以后要干什么，就知道他们要我学习，但是我不知道以后要干什么，也没有什么想干的，就类似那种没有学习动力。游戏的话，暂时没有找到比游戏更有意思的事情。其实我觉得像刘X他们这样的挺累的，年级第一嘛，你要成绩位置稍微下滑一点的话，就会受到来自老师和家长的压力，最终感觉其实特别累。我现在觉得挺开心的，就我现在这个样子挺舒服的。重点高中的话基本就够学校精英，就是如果你原来学校成绩不错，到了重点高中的话成绩也下不去。我朋友，小学的时候成绩跟我差不多，她比我差一点，后来她是去蓝青了，然后成绩的话，就是那种差不多在下游这样子，家长和老师就那种压着她，她觉得挺累的，所以我也挺心疼。重点高中我也不怎么想上，感觉上个普通高中就差不多了。"（玩家F8）

"印象深刻的话应该就是初中毕业的时候吧，那时候放假没有事情做，就整天和朋友们约起来去网吧，几乎在网吧待了两个月，每天就是打游戏、打游戏，然后有时候还不回家睡觉，直接在网吧通宵，整个人的精神看起来就很不好，那段时间也真的玩得太多了，后来就生病了，医生说我是打游戏打太多了，而且眼睛近视度数一个暑假增加了300度，真的得不偿失，那个暑假之后我打游戏就少了，

其实一直打游戏也没有意思。"（玩家M34）

　　玩家M8和F8在学校里属于成绩中等偏下但人缘还不错的学生，网络游戏在他们的生活中占据了很大份额。M8沉迷于游戏，平时学习比较迷糊，是班上的开心果，他对未来生活还没有任何规划，认为自己现在才大一，"先玩一年再说"，等大二再慢慢了解并考虑以后的发展方向。虽然M8就读的是大专，但毕竟已考入大学，拥有了最基础的社会资本。与之相比，没有方向感、缺少学习动力的玩家F8更加令人担忧。F8目前读初二，对学习没有什么兴趣，每天晚上回家玩游戏2～3个小时。她对未来发展没有规划，不知道自己要干什么或想干什么，感觉上个普高就差不多了，没有感受到自我存在的意义和价值。随着"自我价值感、自我意义感的丧失"①，成长规划的缺失导致她极度迷茫，只能沉浸到目前"最有意思"的游戏中，甚至对游戏失去控制，不能自拔。玩家M34在初中暑假则更深入地体验到了无事可做的后果，所幸他在眼睛近视程度急剧加深后"幡然醒悟"，意识到"一直打游戏也没意思"。

　　从中我们可以发现，一些青少年并非对游戏真的爱到不能自拔，很多时候他们其实是因为没有其他能够激发起兴趣的事情才去玩游戏。发展爱好特长，规划个人成长路线因此而显得分外迫切。而做好成长规划，不仅需要青少年自己考虑，更需要来自家庭和学校的引导。父母和老师应该帮助一些自主意识不是很清晰的学生寻找到合适自己发展的道路，引导他们做好成长规划，让他们意识到个体需要对自己的未来负责，而未来需要从每一个现在做起。这样他们才不会白白浪费时间去玩游戏，而是会有意识地把时间和精力用于各种学习，为未来发展打好基础。

提高自控能力

　　无论是父母还是青少年子女，大部分都认可游戏具有一定的正面功能，而不是一味强调其负面影响。因此，游戏者的自控能力成为决定游戏行为能否进行、

---

① 罗洛·梅.人寻找自己.陈刚，冯川，译.贵阳：贵州人民出版社，1991年，第45页.

如何进行的重要因素。

就我们的访谈而言，随着年龄的增长，青少年玩家的游戏自控能力也在不断提升。绝大部分大学生受访对象都像玩家F15和F3能够控制自己的游戏行为，有的每天适度玩游戏，有的平时玩得比较多，但在考试阶段会卸载游戏，专心应对学业。她们都比较清楚自己的主业是学习，不会让玩游戏影响学业。在她们眼中，玩游戏其实也只是一个让生活快乐的方法而已。

"后来因为考试周的来临，我限制了自己玩游戏的时间，慢慢也就对这个游戏不是那么狂热了，现在我从每天必须玩这个游戏变成想到了才会去玩一下。"（玩家F15）

玩家F15在《摩尔庄园》手游版上市时一度沉溺其中，虽然刚开始有点沉迷，但随着学业的紧张，她和室友能够慢慢褪去热情，回归学业。另一个研究生也提到类似的经历。

"那种经营类游戏基本上就是在我手机上面待的时间最长的游戏，一般是玩到后面可能真的就到了考试周，一到考试周就没办法再玩下去了，就把它卸掉。"（玩家F3）

但对于一些心理尚未发育成熟的中小学生玩家而言，自控能力的提升尚需借助外部力量，需要家庭和学校共同努力，针对青少年的具体情况采取相应策略，比如对游戏行为进行监督控制，采取奖励机制，进行深度沟通，做好成长规划，等等，采用多种方式引导青少年玩家正确对待游戏和生活，逐步提高自我控制能力，让游戏成为他们人生路上表达自我、展开社交对话、进行休闲娱乐的一个渠道，而不是成长路上使人沦陷的深渊。

附　录

访谈对象基本资料

序号	性别	年龄	所在年级	学校类别	网络游戏时间	主要玩的游戏
M1	男	20	大二	普通本科	7年	王者荣耀
M2	男	21	大三	普通本科	8年	守望先锋、穿越火线、王者荣耀
M3	男	22	大三	重点本科	10年	神武、英雄联盟
M4	男	13	初一	普通高中	4年	狂野飙车、星际争霸
M5	男	19	大一	专科	7年	梦幻西游、地下城、英雄联盟、炉石传说
M6	男	16	高一	普通高中	3年	英雄联盟、王者荣耀、剑网3
M7	男	16	高二	普通高中	6年	英雄联盟
M8	男	20	大一	专科	10年	梦幻西游、魔兽争霸、DotA、英雄联盟
M9	男	19	大一	专科	3年	QQ飞车、守望先锋、王者荣耀
M10	男	17	高一	普通高中	9年	弹弹堂、QQ飞车、DotA系列
M11	男	18	高三	普通中学	7年	DotA、英雄联盟
M12	男	21	大三	普通本科	11年	魔兽世界、DotA
M13	男	18	高三	重点中学	13年	DotA、英雄联盟、地下城

续表

序号	性别	年龄	所在年级	学校类别	网络游戏时间	主要玩的游戏
M14	男	21	大三	普通本科	6年	魔兽世界、最终幻想14
M15	男	20	大二	普通本科	11年	诛仙手游
M16	男	22	大三	重点本科	12年	DOTA2、梦幻西游
M17	男	19	大一	专科	11年	仙剑系列、梦幻西游、魔兽世界
M18	男	16	初三	民工子弟学校	2年	王者荣耀、荒野行动
M19	男	17	高一	重点高中	10年	FPS类
M20	男	16	高一	重点高中	5年	王者荣耀
M21	男	15	初三	民工子弟学校	4年	刀剑领域、王者荣耀、绝地求生
M22	男	21	大三	普通本科	8年	王者荣耀、原神
M23	男	15	初三	民工子弟学校	3年	王者荣耀、绝地求生
M24	男	17	高二	职业高中	12年	英雄联盟、梦幻西游
M25	男	17	高一	普通高中	8年	英雄联盟、弹弹堂
M26	男	20	大二	普通本科	8年	英雄联盟、王者荣耀
M27	男	21	大二	普通本科	7年	英雄联盟、王者荣耀、剑网3
M28	男	15	初二	普通高中	2年	王者荣耀
M29	男	19	高三	职业高中	8年	王者荣耀
M30	男	12	六年级	普通小学	3年	保卫萝卜、汤姆猫跑酷
M31	男	15	初三	重点初中	4年	王者荣耀
M32	男	17	高一	普通高中	5年	王者荣耀
M33	男	19	大二	重点本科	8年	英雄联盟、王者荣耀
M34	男	17	高二	职业高中	8年	英雄联盟、王者荣耀
F1	女	19	大一	专科	5年	天涯明月刀
F2	女	18	高三	重点高中	9年	传奇世界、王者荣耀
F3	女	21	大三	重点本科	10年	摩尔庄园、瘟疫公司、饥荒
F4	女	18	高二	职业高中	9年	剑灵
F5	女	24	大四	普通本科	12年	梦幻西游、英雄联盟
F6	女	21	大三	普通本科	14年	梦幻西游、英雄联盟、王者荣耀
F7	女	17	高二	普通高中	9年	梦幻西游、QQ飞车、剑灵

序号	性别	年龄	所在年级	学校类别	网络游戏时间	主要玩的游戏
F8	女	14	初二	普通高中	7年	王者荣耀、英雄联盟、守望先锋、剑网3、天涯明月刀、求生之路
F9	女	21	大三	普通本科	9年	仙剑奇侠传、英雄联盟
F10	女	17	高三	重点高中	10年	摩尔庄园、倩女幽魂
F11	女	14	初三	民工子弟学校	2年	王者荣耀、节奏大师
F12	女	16	高一	普通高中	7年	休闲类小游戏
F13	女	15	初二	普通高中	3年	王者荣耀、侠盗猎车手
F14	女	15	初三	民工子弟学校	1年	王者荣耀
F15	女	20	大二	普通本科	6年	摩尔庄园、王者荣耀
F16	女	11	五年级	重点小学	3年	王者荣耀
F 17	女	15	初三	重点初中	3年	奇迹暖暖、我的世界

后 记

这本书的写作兴趣源于之前为博士论文做的研究。因为导师的缘故，我把博士论文的研究对象锁定在青少年网络游戏玩家这个群体，并为此与数十位来自不同地方，在不同类型学校就读的青少年进行了深入交流，开始逐渐了解他们在游戏世界的所思、所行与所求。毕业后回到高校工作，我接触到更多的资深大学生玩家。我给他们上课，和他们聊天，观察他们的朋友圈，偶尔也一起玩游戏。对他们的"三维立体"了解，使我对玩家群体在虚拟世界中的自我呈现和权力欲望、成就感等产生了浓厚的兴趣，并将研究视角拓展到整个游戏产业，开始探索游戏竞技中的对话与表达。

这本书得以完成，要感谢所有接受我访谈的青少年玩家，你们的畅谈和讨论为我的写作提供了极其宝贵的素材，引领我进一步认真思考玩游戏这件事。在接触你们之前，我和很多人一样，对网络游戏带有偏见，虽然不是视之如洪水猛兽，但确实有点避之唯恐不及。在我深入你们的世界之后，我发现，这个世界是自我表达的平台，是个性飞扬的舞台，是欲望得以实现的天堂，当然，也可能成为个体沉沦的渊薮。正是因为有了你们充分的、直观的、毫无保留的表达，才会有这本书里我的表达。

感谢我的朋友们，你们对于如何看待孩子玩游戏这事儿的详细介绍，促发了我对家庭关系中游戏权力博弈的思考。

感谢帮我介绍访谈对象的同学、朋友和学生，你们的无私帮助为我的写作提供了重要基础。

愿所有的青少年玩家都能够平衡好学习与游戏，能够学有所成，玩有所乐。

浙大宁波理工学院传媒与法学院的一些同学参与到本书的写作过程中，为我带来年轻一代的新鲜视角。

本书第四部分第三章初稿由曾钰平同学执笔。

协助完成访谈的同学包括（按姓氏音序排名）：方梦瑶、韩嘉伟、来佳辰、李妍、李豫琪、陆地、沈家辰、沈世杰、王浩侯、吴丹洁、吴青青、吴汶夏、朱浩哲。

协助收集资料的同学包括（按姓氏音序排名）：陈亿安、高海伦、侯星含、李东腾、李瑶琼、林一慧、刘君霞、麻怡楚、倪淼丽、齐壮壮、沈新黛、陶毅文、吴梦瑶、徐淳迪、殷吉梅、余思潮、张淼、郑一博、郑梓汇、朱浩哲。

感谢你们提供的各种资料，充实和丰富了本书的写作。